REINGARD GSCHAIDER
SHIRLEY SEUL

DER KLEINE
COACH

W0046807

# Charisma

## Wie Sie mit mehr Ausdruck Eindruck machen

# Wachsen Sie in sich hinein
### Seite 6

# Zeigen Sie sich
### Seite 38

## Lernen Sie Ihre **Schokoladenseiten** kennen Seite 70

## **Auftrittstraining:** Bringen Sie sich in Top-Form Seite 94

# Lassen Sie Ihr Charisma leuchten: *Spot an!*

Die Tür geht auf – und da ist sie: Die Leute drehen sich nach ihr um. Nicht, dass sie besonders schön wäre – und doch überstrahlt sie alle. Nicht, dass sie besonders teuer gekleidet wäre – und doch zieht sie die Blicke auf sich. Was hat sie? Ganz einfach: eine besondere Ausstrahlung – Charisma.

Charisma lässt die Persönlichkeit leuchten. Es ist Ausdruck vibrierender Lebendigkeit, die manchmal sprüht und manchmal auch ganz leise wirkt. Charisma muss nicht zwingend mitreißen, kann sich im Stillen äußern, zeigt sich nicht nur in der Ausstrahlung, sondern auch in der Anziehung. Charisma wirkt wie ein Magnet auf andere Menschen.

Und jetzt hat Sie dieses Buch angezogen – oder es ist einfach so zu Ihnen gekommen, wie auch immer … Auf jeden Fall stehen Sie nun im Fokus der Strahlkraft. Allein, dass Sie dieses Buch lesen, verrät, dass noch eine andere in Ihnen steckt. Die sich gerne neu kennenlernen möchte. Sich vergrößern will, erweitern, entfalten.

In diesem Buch zeigen wir Ihnen, wie Sie Schritt für Schritt die charismatische Frau hervorlocken, die in Ihnen steckt. Warum locken? Nun, es kann sein, dass sie sich noch unwohl fühlt, wenn sie im Mittelpunkt steht. Oder sie wünscht es sich zwar, möchte das aber vielleicht nicht zugeben. Heißen Sie Ihre Wünsche willkommen! Sie sind Wegweiser zu Ihrem Potenzial, das in Ihnen wachsen will. Dieses Potenzial werden wir Übung für Übung aktivieren, bis Ihre Persönlichkeit strahlt und glänzt. Nicht nur von außen, sondern auch von innen – und so glänzen Sie rundherum.

Charisma ist ein Zauber, der überall wirkt. Zaubern ist eine Kunst, Kunst kommt von können – und das kann man lernen. Wie das genau geht, erfahren Sie Kapitel für Kapitel. Dabei folgen Sie uns auf den roten Teppich. Dieser Teppich ist, wie jeder Stoff, aus zwei Fäden gewoben, und im Charisma-Training verbinden sich ebenfalls zwei Richtungen. Ein roter Faden führt nach innen zu mehr Selbstvertrauen, Leidenschaft, Lebensfreude und Mut. Und der andere nach außen zu einem attraktiven Erscheinungsbild. Dazu gehören Auftreten, Stimme, Körpersprache, Kleidung – Ihre äußere Wirkung. Jeder Fortschritt auf einem Gebiet bringt Sie auch auf dem anderen weiter. Am Ziel sind beide Fäden geschmeidig verknüpft zum roten Teppich, auf dem Sie in den Lichtkegel Ihres ganz persönlichen Charismas schreiten. Freuen Sie sich jetzt schon auf Ihre Krönung zu einer strahlenden und funkelnden Persönlichkeit.

Ihre Reingard Gschaider
und
Shirley Seul

# Wachsen Sie
# in sich hinein

## Vom Mut, sich selbst ins beste Licht zu rücken

SIE IST NICHT MEHR JUNG, SIE IST KLEIN, SIE IST RUND-LICH. Sie macht kein großes Theater. Und doch folgen ihr die Blicke der Mitreisenden, als sie ihren Platz aufsucht – wer ist diese interessante Frau? Später lässt sie sich ein wenig in die Karten schauen: Opernsängerin sei sie gewesen, Auftreten, das habe sie gelernt. Und tatsächlich beherrscht sie die Kunst, sich ins beste Licht zu rücken – selbstbewusst und höchst charmant. Sie kennt ihre Vorzüge, erzählt abwechslungsreich und mit meisterhaftem Sinn für Pointen, interessiert sich lebhaft für ihre Gesprächspartner, ist humorvoll und scheint das Leben zu lieben: beste Voraussetzungen für einen charismatischen Auftritt.

Bei den alten Griechen bedeutete »Charisma« ein »aus Wohlwollen und Gnade gespendetes Geschenk der Götter«. **Heute versteht man unter Charisma im alltäglichen Sprachgebrauch die gewinnende Ausstrahlung eines Menschen.** Dieses »gewisse Etwas« hat mehr mit Persönlichkeit zu tun als mit Fassade, mehr mit Charakter als mit Schönheit. Was Charisma leuchten lässt und was es verdunkelt – darum geht es im ersten Kapitel.

# Was ist Charisma eigentlich?

Viele Menschen denken bei Charisma an Publikum, Applaus, Bewunderung, Konzert, Kino. Hunderttausende im Stadion und vor den Bildschirmen, na klar, und ich auf der Bühne. Ich? Ich doch nicht! Und damit wären die Träume dann auch schon wieder zu Ende.

Das ist schade, denn es darf nicht nur geträumt, sondern auch verwirklicht werden: Heften Sie Ihre Ziele nicht an Sterne, sondern in erreichbare Höhe. Erkennen Sie die Träume, die Sie sich wirklich erfüllen können! Bei der Weihnachtsfeier vor allen Kollegen eine Rede halten? Mit dem Hausmeister so locker plaudern wie mit der Kanzlerin? Auf High Heels graziös über das Parkett schlendern? Mut zum Mini oder zum Hut? Oder: Mut zu grauen Haaren? Im Meeting endlich sichtbar sein? Nein sagen und kein schlechtes Gewissen haben?

Das soll Charisma sein? Ja, das gehört dazu. **Denn Charisma ist kein »So tun als ob«. Charisma ist echt.** Und genau das spüren andere Menschen. Eine charismatische Persönlichkeit leuchtet, egal, wo sie sich aufhält. Unsere Ausstrahlung ist Ausdruck unserer Persönlichkeit, und die spiegelt sich in dem, was wir tun. Das wiederum wird davon gesteuert, was wir über uns denken. Wir tragen unsere innersten Überzeugungen nach außen – obwohl uns das selten bewusst ist. Mit der ersten Übung definieren Sie Ihre eigene Vorstellung von Charisma. **Legen Sie eine besonders schöne Charisma-Mappe oder eine -Box als Ihre Schatztruhe an.** Heften Sie darin Ihre Notizen ab oder legen Sie sie in die Schatztruhe. Machen Sie das ab jetzt mit allen Aufzeichnungen. Wahrscheinlich werden Ihnen, da Sie nun auf dieses Thema gepolt sind, Zeitungsartikel »zufallen«, Fotos, Ideen, Zitate. Legen Sie alles zu Ihren Charisma-Schätzen.

## Übung: Schatzsuche –
## Wo verstecken sich Ihre Juwelen?

**1. Schritt**
Sammeln Sie sich einen Moment. Gehen Sie dann gedanklich die Menschen in Ihrem Umfeld durch: Wer hat für Sie Charisma? Notieren Sie die Namen. Erweitern Sie Ihren Suchradius auf Menschen, die Sie vielleicht erlebt, aber nicht oder nur oberflächlich kennengelernt haben: Redner, Künstlerinnen …
Und nun denken Sie an Menschen des öffentlichen Lebens. Wer zeichnet sich durch Charisma aus? Notieren Sie wieder die Namen.

**2. Schritt**
Fassen Sie in Worte, was genau das Charisma dieser Menschen ausmacht. Eleganz? Weisheit? Mitreißende Beredtheit? Die Art, wie jemand zuhört und seinem Gegenüber das Gefühl gibt, wichtig zu sein? Schreiben Sie drei oder mehr Eigenschaften auf.

**3. Schritt**
Sie hätten keine dieser Eigenschaften benennen können, wäre sie nicht bereits jetzt in Ihnen angelegt – als Keim, den Sie pflegen und entwickeln können.
Nehmen Sie sich nun fünf Minuten zum Träumen und stellen Sie sich vor, Sie hätten diese Eigenschaften bereits verinnerlicht – und veräußerlicht. Wie würden Sie sich fühlen? Wie würden Sie sich bewegen? Was würden Sie tun? Genießen Sie diese Vorstellung in vollen Zügen.

# Der Charisma-Quotient

Der US-amerikanische Psychologe Ronald E. Riggio hat sich in vielen Studien mit dem Thema Charisma beschäftigt: Was es ist, wie man es erwirbt und wie man es anwendet. Ein Ergebnis dieser Studien ist der sogenannte Charisma-Quotient: sechs Basisfähigkeiten, über die Menschen mit Charisma verfügen. Erstaunlicherweise gehören keine äußerlichen Merkmale dazu, vielmehr entspringen diese Fähigkeiten alle der sozialen Kompetenz. Die sechs Glanzlichter für Charisma sind:

**1 Emotionale Ausdruckskraft**
- Gefühle zeigen durch Mimik, Stimme und eine dynamische Körpersprache
- andere Menschen dadurch anstecken und mitreißen

**2 Emotionale Feinfühligkeit**
- fühlen, was der andere fühlt
- körpersprachliche und emotionale Botschaften aufnehmen und verstehen

**3 Emotionale Selbstkontrolle**
- eigene Gefühle zurückhalten statt ausdrücken, wenn es die Situation erfordert
- ein passendes Gesicht aufsetzen, unabhängig vom persönlichen Erleben

**4 Soziale Ausdruckskraft**
- flüssig und interessant reden
- mit Menschen aus unterschiedlichen Gesellschaftsschichten zwanglos über die verschiedensten Themen sprechen können

**5 Soziale Feinfühligkeit**
- aufmerksam zuhören und beobachten
- Gespür für angemessenes Verhalten in jeder Situation

**6 Soziale Selbstkontrolle**
- eine Rolle überzeugend ausfüllen, wenn es die Situation erfordert

Wer alle diese Fähigkeiten überdurchschnittlich hoch entwickelt und sie möglichst im Gleichgewicht hält, verfügt laut Ronald E. Riggio über ein ausgezeichnetes Charisma-Potenzial. Werden diese sozialen Kompetenzen beständig geübt und im täglichen Leben verfeinert und »poliert«, erwächst daraus wirklich Charisma.

Für Ihr Charisma müssen Sie also nicht zum Schönheitschirurgen. Sie können sich alle diese Fähigkeiten aktiv erobern. Dabei hilft Ihnen dieses Buch: Mit jeder Übung trainieren Sie mindestens eine, manchmal sogar mehrere dieser sechs Fähigkeiten. So setzt sich ein Puzzle zusammen, das am Ende Ihr Charisma leuchten lässt. Und vielleicht steckt ein Licht das nächste an? Ein englisches Forscherteam um den Psychologen Richard Wiseman ist ebenfalls zu dem Ergebnis gekommen, wenn ein Mensch über Charisma verfüge, sei er emotional ansteckend und könne andere begeistern und mitreißen.

## Siegt Schönheit doch?

Viele Untersuchungen haben ergeben, dass es schöne Menschen im Leben leichter haben. Man traut ihnen mehr Erfolg und weniger Verbrechen zu. Wenn sich der Charisma-Quotient mit körperlicher Attraktivität verbindet, entsteht tatsächlich ein Charisma-Turbo. Also doch zum Schönheitschirurgen? Nein, denn der Charisma-Turbo entfaltet seine Kraft nur, wenn er auf den zweiten Blick hält, was er auf den ersten versprochen hat. Das bedeutet: Blender haben hier keine Chance. Schönheit ist nicht nur in einem Gesicht abzulesen, es spielen noch viele andere Merkmale eine Rolle. Fliegen uns die Blicke zu, weil wir so strahlend lächeln? Wie bewegen wir uns? Wie klingt unsere Stimme? Wie sprechen wir über andere? Zeigen wir uns als wertschätzende Menschen, die anderen auf Augenhöhe begegnen?

Alle diese scheinbaren Kleinigkeiten prägen unsere Ausstrahlung und machen uns attraktiv. Wir strahlen von innen nach außen. Genau das kommt bei anderen an – und zwar nachhaltig.

*Ausstrahlung toppt hübsche Erscheinung.*

## Charisma bringt uns schneller voran

Die Menschen, die in meine Charisma-Seminare kommen, haben viele Wünsche im Gepäck. So unterschiedlich sie im ersten Moment klingen mögen – im Laufe der Jahre ist mir aufgefallen, dass sich alle diese Wünsche auf vier Kernthemen beziehen:

**1 Ich will endlich wahrgenommen und gesehen werden!**

Wie kann ich Eindruck machen? Wie mache ich mich bemerkbar? Ich möchte nicht mehr übergangen werden. Ich möchte so mutig sein, die Aufmerksamkeit anderer auszuhalten. Ich will mich nicht immer hinten verstecken. Ich möchte mich nach vorne trauen.

**2 Ich wünsche mir einen Partner, erfüllte Freundschaften, interessante Menschen um mich herum.**

Wie kann ich Herzen gewinnen? Wie schaffe ich es, dass sich solche Menschen für mich interessieren, die ich interessant finde? Wie gelingt es mir, echte Freunde zu finden? Wie überwinde ich meine Schüchternheit? Warum fällt es mir so schwer, anderen Menschen Grenzen zu setzen?

**3 Ich will beruflich weiterkommen.**

Wie erreiche ich meine Karriereziele? Warum traue ich mich nicht, um eine Gehaltserhöhung zu bitten? Wie entwickle ich Führungsqualitäten? Warum bekomme ich oft Jobs, die ich nicht mag? Weshalb flutscht es bei mir nicht so wie bei meiner Kollegin?

**4 Ich will mich nicht mehr verbiegen, sondern endlich ich selbst sein.**

Wie schaffe ich es, Nein zu sagen? Wie kann ich meine eigenen Bedürfnisse durchsetzen? Wie erreiche ich meine Ziele? Wie komme ich aus dem Teufelskreis der Unzufriedenheit raus? Wie entwickle ich den Mut, zu mir zu stehen, ohne andere vor den Kopf zu stoßen oder zu verletzen? Und das alles, ohne Zuneigung zu verlieren? Ich will ja kein Ekel werden. Ich will doch bloß ich selbst sein und trotzdem noch gemocht werden!

## Niemand kann nichts ausstrahlen!

Jeder Mensch strahlt etwas aus, ob er will oder nicht. Ausstrahlung ist wie Atem, einfach da. Doch was genau ist Ausstrahlung eigentlich? Hängt sie damit zusammen, wie jemand aussieht? Ob er groß oder klein, dick oder dünn ist? Leuchten Dünne heller? Oder spielt die Kleidung eine entscheidende Rolle? Schlabber- oder Edellook? Und was ist mit der Frisur und dem Auto? Ja, auf den ersten Blick mag das alles attraktiv wirken, selbst der

geleaste Wagen. Doch einem zweiten Blick hält längst nicht jede Fassade stand.

Bei manchen Menschen fühlen wir uns pudelwohl, bei anderen suchen wir schnell das Weite. Warum ist das so? Liegt das an uns oder können wir Ausstrahlung tatsächlich messen und benennen? Gilt sie nur für uns, also subjektiv, oder gibt es objektive Kriterien für Ausstrahlung? So wie jeder Mensch mit einem anderen Gesicht herumläuft, hat auch jeder Mensch eine andere Ausstrahlung – eine individuelle Schwingung oder Frequenz, auf der er funkt. Die lässt sich zwar nicht fotografieren, doch erspüren. Diese Wahrnehmung trainieren Sie gezielt durch die nächste Übung und erhöhen damit Ihren zweiten Charisma-Quotienten, Ihre Fähigkeit, einen anderen Menschen wirklich wahrzunehmen und sich in ihn einzufühlen.

Haben Sie eine Ahnung, wie Ausstrahlung schmecken könnte? Wie sie sich anfühlt? Wie würden Sie diese unsichtbare Kraft beschreiben? Finden Sie Worte dafür. Oder Bilder. Vielleicht können Sie die Kraft malen. So lernen Sie nicht nur Unterschiede in der Ausstrahlung kennen, sondern Sie richten auch Ihre Antennen neu aus, damit Sie in Zukunft auf jene Frequenzen abonniert sind, die Ihnen gut tun.

## Programmieren Sie Ihre Schwingung positiv!

Ein Mensch, der sich ständig Sorgen macht und dessen bevorzugter Zeitvertreib das Jammern ist, wird wohl kaum Großzügigkeit, Gelassenheit und Leichtigkeit ausstrahlen. Das können Sie gerne einmal

 ## Übung: Unterwegs mit dem Charisma-Scanner

*Mit dieser Übung entwickeln Sie eine besondere Antenne für die unterschiedliche Qualität von Ausstrahlung.*

Stecken Sie einen Notizblock und ein paar Stifte in Ihre Handtasche und zeichnen Sie einen Tag lang die Ausstrahlung der Menschen, die Ihnen begegnen. Schauen und spüren Sie genau hin. Wirkt die Ausstrahlung eines Menschen wie eine gleichmäßige Fläche auf Sie, wie ein Feld? Sind es kräftige »Sonnenstrahlen«? Weich schwingende Wellen? Oder grelle Blitze? Eine teigige Masse? Ein dünner Nebelschleier? Stacheldraht? In welcher Farbe »strahlt« ein Mensch, welche Farbqualität umgibt ihn? Wie weit reicht seine Ausstrahlung?
Sie brauchen nicht hellsichtig zu sein für dieses Spiel. Vertrauen Sie Ihren spontanen Ideen. Es geht hier nicht um objektive Wahrheiten, sondern um subjektive Empfindungen und Eindrücke. Sie werden viel lernen – und eine Menge Spaß haben!

*Ich strahle aus, was ich denke.*

selbst versuchen. Jetzt gleich. Denken Sie an eine Situation, in der Sie sich klein und hilflos gefühlt haben, und beobachten Sie, wie es Ihnen dabei geht. Ob sich Ihre Muskeln anspannen, ob Sie Ihr Lächeln halten können.

Und dann denken Sie an eine Situation, die Sie bravourös gemeistert haben. Beobachten Sie auch jetzt, ob sich etwas verändert und was. Sie können diese Übung gerne vor einem Spiegel machen – und Sie werden feststellen, dass sich Ihre Ausstrahlung an Ihre Stimmung angleicht. Ist das nicht wunderbar? **Nur ein Gedanke, nur ein Gefühl – und es hat gravierende Auswirkungen auf Ihre Ausstrahlung!** Also: Wenn Sie zur nächsten Party gehen, denken Sie nicht: Ich kenne hier niemanden, und überhaupt kneift die Hose. Stattdessen atmen Sie lieber tief durch, lächeln sich selbst verständnisvoll zu – und wechseln den Sender. Sagen Sie sich Freundlichkeiten wie: Ich freue mich, dass ich hier bin – mal sehen, was noch Tolles passiert. Seien Sie zu sich selbst so nett wie zu anderen.

## Auf welcher Frequenz funken Sie?

Wenn Sie Radio hören und das Programm gefällt Ihnen nicht, suchen Sie einfach nach einem anderen Sender. Die eigenen Gedanken und Emotionen lassen sich nicht ganz so leicht wechseln, aber im Grunde funktioniert das ähnlich: Jeder Gedanke und jedes Gefühl ist eine Art von Schwingung und je nach Inhalt sind diese Schwingungen auf unterschiedlichen Frequenzen lokalisiert. Eifersucht schwingt auf einer anderen Frequenz als Begeisterung. Pessimisten senden auf einer anderen Frequenz als Optimisten. Interessanterweise empfan-

> *Ich ziehe die gleichen Stimmungs- und Gedankenfrequenzen an, die ich ausstrahle.*

gen wir gerade jene Frequenzen besonders deutlich, die wir selbst ausstrahlen, frei nach dem Motto: »Wie man ins Leben hineinruft, schallt es zurück.«

Natürlich sendet kein Mensch bewusst Frequenzen, die Schwierigkeiten anziehen. **Solche »Piratensender« funken aus dem Verborgenen: dem Unterbewusstsein. Diese Botschaften dirigieren dann unser Denken, Fühlen und Handeln – ohne Rücksicht darauf, dass manche von ihnen fast so alt sind, wie wir selbst.**

Viele unserer Prägungen entstehen nämlich in den ersten Lebensmonaten und -jahren. Wer sie nicht hin und wieder einer Prüfung unterzieht, sabotiert sich häufig selbst. Eine Dreißigjährige hat nun einmal andere Möglichkeiten als eine Dreijährige. Da manche unserer Glaubenssätze in der frühen Kindheit

entstehen, ist es enorm wichtig, die Programme regelmäßig upzudaten. Oder möchten Sie mit der Software eines Kleinkindes durchs Leben laufen?

Nachfolgend einige der beliebtesten Updates, die Sie einspeisen und mit der nächsten Übung auch gleich vertiefen können:

**Alt:** Ich muss alles richtig machen, damit ich Anerkennung bekomme.
**Neu:** Fehler sind menschlich. Ich bin gut genug.

**Alt:** Ich muss immer aufpassen, nicht betrogen zu werden.
**Neu:** Ich vertraue mir selbst und meinen Mitmenschen.

**Alt:** Arbeit ist Frondienst.
**Neu:** Arbeit kann eine Chance zur Selbstverwirklichung sein.

**Alt:** Liebe muss man sich hart verdienen.
**Neu:** Ich bin liebenswert, weil ich so bin, wie ich bin.

**Alt:** Bei mir klappt nie etwas.
**Neu:** Genau betrachtet hat schon viel geklappt bei mir – und aus Fehlern kann ich lernen.
**Alt:** Ich bin nicht gut genug, deshalb muss ich mich anstrengen.
**Neu:** Ich erkenne mich selbst so an, wie ich bin. Ich darf loslassen und mich entspannen.
**Alt:** Geld ist schmutzig.
**Neu:** Geld ist Geld – und was ich daraus mache.

Die Botschaften, die wir ausstrahlen, verraten unsere tiefsten Überzeugungen. Sobald wir das Licht der Selbsterkenntnis anknipsen und unsere urteilsfreie Aufmerksamkeit ganz auf diese tief verankerten Überzeugungen richten, verlieren sie ihre zwingende Macht. Machen Sie sich selbst keine Vorwürfe, wenn Ihnen manche Lichter erst spät im Leben aufgehen. Besser spät als nie – und außerdem braucht Reife, ja auch ein gewisses Alter!

Am besten, Sie probieren Ihre neuen Erkenntnisse einfach einmal aus. Also entspannen Sie sich, und seien Sie nicht nur gut zu sich, sondern auch zu Ihrem Radio mit seinen vielstimmigen Frequenzen. Werfen Sie es nicht aus dem Fenster, denn es gibt gute Nachrichten:

## Sie sind viel reicher, als Sie denken

Wissen Sie eigentlich, dass Sie einen Palast besitzen? Ihre Persönlichkeit ist so weitläufig, herrlich und vielfältig wie ein Palast. Der Palast mit den unendlich vielen Zimmern und Gemächern ist die Summe Ihres Potenzials, das in Ihnen schlummert und darauf wartet, entdeckt und geweckt zu wer-

> *Nur wenn du weißt, was du glaubst, kannst du glauben, was du willst.*

## Übung: Schluss mit den Piratensendern!

*Mit dieser Übung identifizieren Sie die Störenfriede, die Ihre Charisma-Ziele immer wieder torpedieren.*

- Vorbereitung
  Sie brauchen eine Stunde Zeit, in der Sie ganz ungestört sind. Machen Sie es sich kuschelig. Legen Sie einen Stift und Papier zurecht, unterteilen Sie das Papier in zwei Spalten.

- 1. Schritt
  Unter Schritt 4 finden Sie eine Liste mit positiven Selbstaussagen. Schreiben Sie die erste Aussage in die linke Spalte. Dann sprechen Sie den Satz laut aus. Vielleicht schießt Ihnen dazu sofort ein negativer Gedanke durch den Kopf – den schreiben Sie in die rechte Spalte. Sprechen Sie die positive Selbstaussage aus der linken Spalte erneut laut aus, und schreiben Sie den Gedanken, der daraufhin auftaucht, wieder in die rechte Spalte. Das machen Sie so lange, bis kein »Piratengedanke« mehr auftaucht, in Ihrem Kopf also Ruhe herrscht oder sich innere Zustimmung ausbreitet.

- 2. Schritt
  Danach schreiben Sie die nächste Selbstaussage von der Liste in die linke Spalte und beginnen von vorne: Satz laut aussprechen, Piratengedanken rechts hinschreiben. So arbeiten Sie sich Satz für Satz durch die ganze Liste. Falls Sie mit der Übung nach einer Stunde noch nicht fertig sein sollten, machen Sie ein anderes Mal weiter.

Ein Beispiel:

Ich bin liebenswert. – Na ja.

Ich bin liebenswert. – Dann hätte er mich nicht verlassen.

Ich bin liebenswert. – Ich bin zu fett.

Ich bin liebenswert. – Schön wär's.

Ich bin liebenswert – Na ja, vielleicht manchmal.

Ich bin liebenswert. – Ja, genau.

Manche Piratenlisten können schier endlos sein, andere Selbstaussagen können Sie gleich annehmen.

● 3. Schritt

Legen Sie die Blätter zu Ihren Charisma-Schätzen, und gönnen Sie sich eine Belohnung. Nehmen Sie sich in den Arm, vereinbaren Sie einen Massagetermin, schenken Sie sich einen neuen Lippenstift, gönnen Sie sich eine Tafel exquisite Schokolade.

● 4. Schritt

Wann immer Sie das Bedürfnis danach haben, können Sie diese Übung wiederholen – natürlich auch mit eigenen positiven Selbstaussagen. Setzen Sie sich keine Grenzen!

● Beginnen Sie zunächst mit dieser Liste:

Ich bin liebenswert.

Ich habe es verdient, glücklich zu sein.

Ich bin eine Bereicherung für meine Mitmenschen.

Ich habe etwas zu sagen.

Es ist gut, dass es mich gibt.

Ich bin einzigartig.

Ich habe etwas zu geben.

Ich darf mich in meiner vollen Größe zeigen.

Ich kann mein strahlendes Charisma entfalten.

den und sich entfalten zu dürfen. Erstaunt Sie das? Haben Sie vielleicht eher das Gefühl, wie in einer engen Wohnung oder einem kleinen Nest auf wenigen Quadratmetern zu hausen? Damit wären Sie in bester Gesellschaft. Alle Menschen könnten in den Salons ihrer vielschichtigen Persönlichkeit residieren – doch die meisten trauen sich nicht. Sie kennen sich in Ihrer kleinen Wohnung aus, wissen genau, wo die Dinge liegen, und sind sicher vor Überraschungen. Oder sie wollen den Preis für einen Palast nicht zahlen. Der betrifft im Übrigen nicht die Miete, sondern die Arbeit an sich selbst. So begnügen sie sich mit einer kleinen Wohnung im Seitenflügel. Oder sie ziehen sich in ein Zimmerchen zurück – mit oder ohne Aussicht.

**Es ist allerdings völlig normal, dass Sie nicht den ganzen Palast ausfüllen. Denn ein Leben ist zu kurz, um alle Fähigkeiten zu entwickeln, die in uns angelegt sind.** Als Möglichkeit sind sie zwar vorhanden, doch sie sind nicht aktiv. Wenn es auch kaum zu schaffen ist, den ganzen Palast zu bewirtschaften – ein paar Räume können Sie immer hinzu gewinnen. So öffnen Sie Ihrem Charisma Tür und Tor.

## Wie weit trauen Sie sich raus aus Ihrem Nest?

Manch eine fasst Mut und macht sich auf, ihren Palast zu entdecken. Plötzlich steht sie im Spiegelsaal. Alles glitzert und schimmert. »Was für ein wunderbares, atemberaubendes Flair! Hilfe, ich bin geblendet! Das ist mir unheimlich! Da gehöre ich doch gar nicht hin! Oder doch? Ich möchte so gern … Aber bin ich dann vielleicht eine Hochstaplerin?«

Genauso könnte es Ihnen ergehen, wenn Sie sich aufmachen, Ihr Charisma anzuzünden. Vielleicht bekommen Sie Angst vor Ihrer eigenen Courage? Das kann auch bei der einen oder anderen Übung in diesem Buch passieren. Denn wir werden Sie in einige bislang unbekannte (Verhaltens-)Räume Ihres Palastes einladen. Dort könnten Sie sich zuerst unwohl fühlen. »So bin ich doch gar nicht! Das ist doch gar nicht authentisch! Das passt doch gar nicht zu mir!« Also zurück in die kleine Wohnung, in das vertraute Nest? Denn da kennen Sie sich wenigstens aus? Ja, das stimmt. Aber die Welt ist größer, viel größer: Herausspaziert!

 ## Übung: So verändern Sie sich im Nu

*Mit dieser Übung erkennen Sie die Macht der Gewohnheit und wie leicht Veränderung geschieht.*

- 1. Schritt
  Bitte verschränken Sie Ihre Arme. Bevor Sie weiterlesen, nehmen Sie einen Augenblick bewusst wahr, wie Sie dasitzen mit Ihren verschränkten Armen. Dann verschränken Sie die Arme anders rum. Mussten Sie kurz nachdenken, wie das geht? Keine Sorge, so ergeht es fast allen Menschen.
- 2. Schritt
  Verschränken Sie jetzt bitte Ihre Finger ineinander. Liegt der rechte Daumen oben oder der linke?
  Nun verschränken Sie auch Ihre Finger anders herum. Lag vorhin der linke Daumen oben, liegt nun der rechte oben oder umgekehrt. Achtung: Nicht nur die Daumen andersherum kreuzen, sondern alle Finger. Wie fühlt sich das an? Ungewohnt? Fremd? Falsch?
- 3. Schritt
  Was schließen Sie aus dieser Erfahrung? Nehmen Sie sich bitte kurz Zeit, Ihre Gedanken zu notieren.

## Authentisch sein – was heißt das?

Authentikós (gr.) bedeutet echt, unverfälscht – also Sein statt Schein. Das ist gar nicht so leicht, wie ein Versuch zeigt: Probanden wurden Porträtfotos und mit Photoshop verbesserte Varianten vorgelegt. Auf die Frage, welches der Fotos sie selbst zeige, entschieden sich alle für das geschönte Foto.

Nach den Sozialpsychologen Michael Kernis und Brian Goldman hat Authentizität vier Komponenten:

- 1. Bewusstheit
  Eigene Gefühle, Motive und Wünsche wahrnehmen und ihnen vertrauen, seine Stärken und Schwächen kennen: Durch Selbstreflexion erlebe und beeinflusse ich mein Handeln bewusst.

- 2. Unverfälschtes Selbstbild
  Innere Erfahrungen und (auch unangenehme) Rückmeldungen anderer ehrlich wahrnehmen: Weder übertreibe ich persönliche Schwächen oder rede sie schön, noch bausche ich meine Stärken auf oder rede sie klein.

- 3. Konsequent handeln
  Nach persönlichen Werten, Vorlieben und Bedürfnissen handeln: Ich tue nichts, nur um zu gefallen, um belohnt zu werden oder um Ablehnung zu vermeiden.

- 4. Aufrichtigkeit in Beziehungen
  Offenheit und Wahrhaftigkeit anstreben, sich in engen Beziehungen ungeschönt zeigen: Es ist mir wichtig, dass vertraute Menschen mein wahres Ich sehen, nicht nur mein glänzendes »Image«.

# Das Echtheitssiegel

Wenn Sie das Verkehrt-Herum-Verschränken täglich üben würden, wäre es Ihnen bald vertraut. Ein Verhalten, das sich jetzt noch fremd anfühlt, also nicht authentisch, würde dann ganz selbstverständlich zu Ihnen gehören.

Authentisch sind Sie, wenn Sie das, was in Ihnen vorgeht, auch nach außen zeigen. Das passt natürlich nicht immer – und das heißt keinesfalls, dass Sie deswegen unecht reagieren. Vielmehr zeigen Sie, dass Sie die Chefin im eigenen Haus sind und nicht jedem Impuls nachgeben – wie es kleine Kinder tun, denen die Impulskontrolle fehlt. Fehlende Kontrolle ist kein Hinweis auf Authentizität. Denken Sie an den sechsten Punkt des Charisma-Quotienten, die soziale Selbstkontrolle: Der erwachsene Mensch entscheidet, welchen Impulsen er nachgeben möchte. Sie entscheiden – im Gegensatz zu: Es entscheidet. Angenommen, ein fremder Mensch tritt Ihnen in der U-Bahn auf die Zehen. Echt wäre es vielleicht, dem Rohling eine Ohrfeige zu verpassen und ihn auch noch anzubrüllen. Aber genauso echt wäre es, dieses Missgeschick als Teil einer Gesamtsituation zu bewerten: Eine Ohrfeige und Brüllen wären wohl ein wenig übertrieben. Sie verhalten sich also nicht unecht, wenn Sie die Entschuldigung annehmen oder ihr Ausbleiben missbilligend, aber ohne Handgreiflichkeiten quittieren. Das Beispiel zeigt, dass es in unserem Alltag viele Möglichkeiten gibt, sich authentisch zu verhalten. **Manchmal verwechseln wir Authentizität oder Echtsein schlichtweg mit Gewohnheit. Wir halten solche Dinge für Originale, an die wir gewöhnt sind.** Wir halten das Verhalten für echt, das wir am häufigsten an den Tag gelegt haben. Doch was man oft macht, muss nicht echt sein. Die Anzahl der Wiederholungen führt nicht automatisch zu einem Echtheitssiegel. Eher in die Komfortzone – dort

*Was gewohnt ist, muss nicht echt sein!*

ist oft wenig Gold, was glänzt. So schränken wir uns ein und merken es womöglich gar nicht. Also probieren Sie nun etwas Neues aus, auch wenn es sich zuerst ungewohnt, unbequem oder gar falsch anfühlen sollte. Bleiben Sie dran und erobern Sie sich Stück für Stück eine neue Fähigkeit, die bald zu einer neuen Gewohnheit wird. Denn Gewohnheiten sind nicht per se schlecht, aber wir sollten ab und zu überprüfen, ob sie uns noch gut tun. Sobald Sie sich eine neue Gewohnheit erobern, haben Sie die Wahl: Wollen Sie die Arme linksrum oder rechtsrum verschränken, wollen Sie Altvertrautes oder Neuvertrautes tun?

In den folgenden Kapiteln erfahren Sie, wie Sie diese neuen Fähigkeiten auch äußerlich ausdrücken – mit Ihrer Körpersprache, Ihrer Stimme, mit Ihrem gesamten Auftreten. So lernen Sie Ihren Palast kennen und

stellen dann fest: Hier gefällt es mir! Hierher komme ich öfter! Oder aber: Nein, in diesem Raum fühle ich mich nicht wohl.

## Frisch gewünscht ist halb gewonnen

Jetzt ist es höchste Zeit, Wunschballons steigen zu lassen. Die großartigste Version der größten Vision von sich selbst zu erschaffen und dann das Charisma-Gebiet zu benennen, das Sie für sich erobern möchten. Wer weiß, was er will, muss sich nicht mit dem zufrieden geben, was zufällig vorbei kommt.

## Herausspaziert!

Und nun machen wir uns auf den Weg. Rechnen Sie mit anregenden Turbulenzen – und freuen Sie sich! Haben Sie keine Angst, sich zu entdecken. Auch wenn es sich einmal nicht gleich wohlig anfühlt, nicht wirklich »echt« – denken Sie an die verschränkten Arme: Gewohnheiten verkleiden sich gern als Wahrheit! Verschränken Sie Ihre Arme doch gleich noch mal. Am besten vor einem Spiegel. Egal, wie herum Sie es machen, links oder rechts. Egal, ob es neu oder fremd für Sie ist: Von außen sieht niemand, wie Sie sich dabei fühlen.

Ist es nicht eine Bereicherung, nun beide Varianten zu beherrschen? Sie haben etwas Neues hinzugewonnen. Ja, es ist nur eine Kleinigkeit. **Doch genauso wie die Veränderung im Kleinen funktioniert, funktioniert sie auch im Großen. Schritt für Schritt. Von der Neuigkeit zur Gewohnheit.** Und das Allertollste: Ab jetzt können Sie frei wählen, was Sie wollen. So oder so? Oder ganz anders? Damit werden Sie zur Königin in Ihrem Palast.

## Warum es so schwer ist, sich zu entfalten

Seltsam, dass nur wenige Menschen die Spiegelsäle in ihrem Inneren bewohnen – oder andere fürstliche Gemächer. Was hält uns davon ab? Wer sperrt uns ein? Woraus bestehen die Gitterstäbe?
Erkennen wir überhaupt, dass unsere Fenster damit blockiert sind? Oder halten wir die Stäbe für eine reine Sicherheitsmaßnahme? Aber wo nichts rein soll, kann auch nichts raus. Und raus wollen Sie doch jetzt – aus Ihren Puschen und aus Ihren alten Rollen. Das Entchen möchte endlich Schwan sein, seine Flügel weit ausstrecken, sich lang machen und strecken und recken und fliegen. Denn es weiß ganz genau, dass ein Schwan in ihm steckt und hat überhaupt keine Lust mehr so zu tun,

*Ich bin wie früher und gleichzeitig anders: So bin ich jetzt auch.*

## Übung: Wünsch dir was

*Mit dieser Übung sondieren Sie Ihre ersten Charisma-Wünsche und -Ziele - der erste Schritt in Richtung Verwirklichung.*

● 1. Schritt
Machen Sie es sich gemütlich. Legen Sie drei leere Blätter und einen Stift bereit. Jetzt ist »Feenstunde«, und Sie dürfen hemmungslos wünschen. Welche charismatischen Eigenschaften und Fähigkeiten hätten Sie gerne? Welche Dinge? Was würde zu Ihnen passen? Was möchten Sie, auch wenn es noch nicht zu passen scheint? Welche Tätigkeiten würden Sie angehen/sich zutrauen/angeboten bekommen, wenn Sie in Ihrem vollen Charisma erstrahlen? Bleiben Sie dran, bis Sie zehn Wünsche haben!

● 2. Schritt
Lesen Sie Ihre Wunschliste durch. Wie fühlen Sie sich dabei? Geht Ihnen eher ein resigniertes »Alles Illusionen« durch den Kopf, ein hoffnungsvolles »Schön wär's« oder ein begeistertes »Ich freu mich schon drauf«? Schreiben Sie Ihre Gedanken auf, lassen Sie alles zu. Beschließen Sie diesen Schritt mit dem Gedankenspiel: »Wär's nicht schön, wenn ich … verwirklichen würde?«

● 3. Schritt
Ordnen Sie Ihre zehn Wünsche auf dem zweiten Blatt neu: Den Wunsch, der sich am leichtesten verwirklichen lässt, schreiben Sie als erstes auf. An letzter Stelle steht der Wunsch, der zur Verwirklichung am meisten Einsatz

von Ihnen erfordert (Zeit, Arbeit) oder von dem Sie im Moment noch nicht wissen, wie Sie ihn verwirklichen können.

- 4. Schritt
Nehmen Sie wieder Ihre ursprüngliche Wunschliste zur Hand und ordnen Sie auf dem dritten Blatt Ihre Wünsche nach dem Kriterium: Woran liegt mir am meisten? Ein echter Herzenswunsch, der in Ihnen brennt, erhält einen Spitzenplatz, während weniger Wichtiges weiter hinten eingereiht wird. Verwahren Sie alle drei Listen bei Ihren Charisma-Schätzen. Wir werden sie später noch einmal brauchen.

- Zur Anregung einige Wünsche von meinen Seminarteilnehmern:

- auf unbekannte Menschen zugehen
- vor Gruppen sprechen
- in Beziehungen wirkliche Nähe zulassen
- auch mit unsympathischen Menschen zurechtkommen
- mit Menschen unterschiedlichster Herkunft und Interessen angeregt plaudern
- im Restaurant ein Essen, das nicht schmeckt, zurückgehen lassen
- Witze erzählen
- Fehler zugeben
- einem Mitarbeiter auf konstruktive Art erklären, was er falsch gemacht hat
- Gefühle verbergen oder zeigen, je nach Situation
- angemessen mit kritischen Urteilen umgehen
- einen unpopulären Standpunkt vertreten

als sei das alles gar nicht wahr. Bescheidenheit ist keine Zier!

Wissen Sie, wie man einen Elefanten darauf prägt, nicht wegzulaufen? So lange er klein ist, wird ihm eine dicke Kette um den Fuß gelegt. Wann immer er ausbüchsen will – es klappt nicht. Eines Tages ist der Elefant davon überzeugt: »Ich kann nicht weg.« Als großer, ausgewachsener Elefant trägt er später nur noch ein Seil um den Fuß, das nirgendwo angebunden ist.

Doch das weiß der Elefant nicht, der noch immer an die massive Kette glaubt. Wohin ihn sein Besitzer auch stellt, der Elefant bleibt brav und beharrlich an diesem Ort. Denn er kann ja nicht weg, meint er. Er ist ja gefangen, glaubt er. Und was glauben Sie?

## Die vier Charisma-Fallen

Auch wir werden früh mit Grenzen und Beschränkungen konfrontiert. Das hat nicht nur schlechte, sondern auch gute Seiten:

- Sicherheit – wir werden vor Gefahren beschützt,
- Geborgenheit – wir fühlen uns angenommen und zugehörig,
- Orientierung – wir verzetteln uns nicht in einer Unzahl von Möglichkeiten.

## Die Kindheitsfalle

Leider sind viele dieser Zäune, die uns begrenzen, viel zu eng gesteckt. Wir gewöhnen uns daran und vergessen, dass Zäune zum Überspringen einladen. Oder dass wir nur ein Stück an ihnen entlangzugehen brauchen, bis wir auf einen Durchlass stoßen. Wir fangen an, zu glauben, dass wir bloß gemocht werden, wenn wir innerhalb der Grenzen bleiben. Mami und Papi wollen doch nur unser Bestes! Und so verinnerlichen wir jene Sätze, die unsere kindliche Großartigkeit auf DIN-Norm zurechtstutzen:

- Sei nicht so laut!
- Nimm dich nicht so wichtig!
- Was glaubst du denn eigentlich, wer du bist?

- Wir sind hier nicht bei den Rothschilds!
- Das Geld wächst nicht auf den Bäumen!
- Dafür bist du noch zu klein.
- Du glaubst doch wohl nicht, dass die auf dich warten!
- Du bist zu dick.
- Du bist zu dumm.
- Das geht nicht!
- Nein!

Wenn die Erwachsenen das sagen, werden sie wohl Recht haben. Sie sind ja schon groß und kennen sich aus. Also richten wir uns in unserem Nest ein. Wir vergessen, dass wir als Prinzessinnen angetreten sind, als wundervolle, einzigartige Persönlichkeiten. Und die Geschichte mit dem Schloss, das wir angeblich besitzen – die kann ja nur ein Scherz gewesen sein. Unseren Eltern ist kein Vorwurf zu machen. Sie konnten uns nicht auf ein Dasein als Königinnen vorbe-

reiten. Sie wurden selbst entthront von ihren Eltern und fristeten ihr Dasein vielleicht ein Leben lang im Pförtnerhäuschen.

Manchmal bei Sonnenaufgang konnten wir sie sehen, die goldene Kuppel vom Schloss, wenn wir in der Abstellkammer auf das wacklige Schränkchen stiegen. Klar haben wir so etwas gelegentlich gemacht und uns dann auch etwas getraut. Vielleicht sogar vor der ganzen Klasse.

Aber dann wurden wir zur Vernunft gerufen und haben das Schloss doch wieder für ein Märchen gehalten. Ganz tief innen drin aber, da haben wir uns eine geheime Kammer bewahrt. Dort haben wir unsere Hoffnung versteckt: Es ist doch wahr. In mir steckt noch viel mehr. Es gibt das Schloss doch. Und ich bin eine Prinzessin und später werde ich Königin! Jetzt ist später!

*DIN-Norm und Charisma schließen sich aus.*

## Die soziale Falle

Nicht nur Eltern bauen Zäune – zu Ihrem Besten. Schule, Freunde, Sportverein: Überall gibt es Verhaltensnormen, Regeln, verborgene und offensichtliche Hierarchien. Wie sollen wir da unser Plätzchen finden? Am besten bloß nicht auffallen. Immer schön mitschwimmen und nichts riskieren.

Im Laufe der Jahre entwickeln wir Strategien, die uns dabei helfen, den Normen zu entsprechen und doch noch ein bisschen was vom Eigentlichen zu retten, das meistens keinen Namen hat und nichts Geringeres ist als: Ich. **Eine häufige Strategie von Frauen ist, selbstlos zu sein. Stets hilfsbereit. Keine Ansprüche zu stellen. Lieb und nett und adrett. Das tut anderen nicht weh. Nur uns selbst.** Gerade Frauen sind es gewöhnt, wegzustecken. Selbstverständlich gibt es noch viele andere Strategien: Gleich ganz verschwinden. Sich tot stellen. Ich bin eigentlich gar nicht da, ich war nie da, ich werde nie da sein. Ich bin unsichtbar! Oder – weniger beliebt – Stacheln aufstellen.

Solche Strategien können lange funktionieren. Bei manchen sogar ein Leben lang. Anderen fällt plötzlich auf, wie unglücklich sie sind. Die kleine Wohnung platzt aus allen Nähten. Die Seele braucht Raum. Sie will sich ausbreiten, entfalten. Wieder andere drücken es weniger dramatisch aus: Mit den alten Strategien kann ich nichts Neues erreichen, bekomme ich nicht den Platz, den ich mir im Leben erobern will.

Eines Tages sind Sie vielleicht unzufrieden mit dem, was Sie haben. Also müssen Sie etwas anderes tun als bisher, um etwas Neues zu erreichen. Und so machen Sie sich auf, sich zu verändern – zuerst nur im Kleinen, später im Großen. »Aber Hilfe! Wenn ich mein Nest verlasse! Wenn ich aus mir herausgehe! Dann falle ich auf! Ich rage heraus! Ich werde gesehen!«

Ja. Genau das wollen wir erreichen. Bitte setzen Sie Ihren Fuß nun auf den roten Teppich, und genießen Sie Ihre ersten Schritte in Ihr neues Leben. Aber schreiten Sie über Ihren eigenen individuellen roten Teppich! Nicht über einen, den Ihnen die Werbung vorgaukelt – der kann nämlich nicht fliegen. **Und nur wer seine eigenen Träume verwirklicht, hebt ab.**

## Die Medienfalle

Wer sind Sie, wenn Sie nicht die sind, die Sie sein sollen? Wer sagt Ihnen überhaupt, dass Sie so sein sollen oder auch anders? Sie sind erwachsen, und niemand hat Ihnen etwas vorzuschreiben. Sie sind für sich selbst erziehungsberechtigt. Wie viel Macht räumen Sie den Medien ein? Wie viel Gewicht geben Sie diesen fremden Stimmen, die Ihr Leben manipulieren wollen? Jeder braucht das neue Shampoo. Wer etwas auf sich hält, der kocht brasilianisch. Botox macht glücklich. Dieses Auto passt zu Ihnen. Und so bezirzen Sie trotz Zellulitis einen Mann!

All diese Einflüsterungen bilden eine Wolke, die die Sonne Ihres Charismas verdunkelt. Das sind keine Hilfen, auch wenn sie sich als solche verkleiden. Das sind Angriffe auf Ihre einzigartige Persönlichkeit, die zum Ziel haben, Menschen nach DIN-Form zu schnitzen, die alle mit denselben Produkten sehnlichst erhoffen, Glück kaufen zu können.

## Die Selbstbildfalle

Kindheitsfalle, soziale Falle, Medienfalle – das sind die Lockvögel, die dafür sorgen, dass unsere Selbstbildfalle zuschnappt. Und dann sitzen wir wirklich in der Patsche:

- Das kann ich nicht.
- Das darf man nicht.
- Das tut man nicht.
- Das steht mir nicht zu.

Es kann uns nichts Schlimmeres passieren, als uns selbst im Weg zu stehen und das womöglich gar nicht zu merken. Also aufgepasst: Sobald wir eine Selbstsuggestion

## Selbstbild, Kritik und gute Laune

Wie wirkt sich das Feedback, nicht beliebt zu sein, auf die Stimmung aus? Das untersuchte ein Forschungsteam um den niederländischen Psychologen Sander Thomaes.

**Das Experiment**

Man fragte Kinder im Grundschulalter, wie sehr sie ihre Klassenkameraden mögen. Danach schätzten sie, wie beliebt sie selbst bei den anderen sind. Je größer die Differenz zwischen Selbsteinschätzung und Bewertung durch die Klassenkameraden, desto unrealistischer war das eigene Selbstbild.

Danach wurde bei einem Internet-Beliebtheitswettbewerb die Stimmung aller Kinder gemessen, bevor sie sich gegenseitig bewerteten. Beim Ergebnis tricksten die Forscher: Der Hälfte der Kinder wurde gesagt, sie seien am unbeliebtesten von allen, die andere Hälfte erhielt ein neutrales Feedback.

**Das Ergebnis:**

Unpopulär zu sein, schlug sich auf die Stimmung nieder – allerdings nur bei den Kindern mit unrealistischer Selbsteinschätzung. Dabei war es egal ob sie sich zuvor als unbeliebter (niedriges Selbstwertgefühl) oder beliebter (übersteigertes Selbstwertgefühl) eingeschätzt hatten, als sie tatsächlich waren.

Kinder mit einem realistischen Selbstbild ließen sich von schlechten Beliebtheitswerten nicht aus der Bahn werfen.

(Abschließend wurden die Kinder selbstverständlich ausführlich über das Experiment aufgeklärt.)

erkennen, mit der wir uns klein halten, bietet sich die Chance zur Veränderung. Es liegt an uns, sie zu ergreifen und die Fesseln negativer Glaubenssätze abzuschütteln. Das können wir jederzeit tun. Niemand hindert uns daran, außer wir selbst. Manchmal brauchen wir mehrere Versuche, bis wir wirklich frei von dem alten Ballast sind, denn er ist oft tief verwurzelt.

**Lassen Sie sich nicht von missglückten Ausbruchsversuchen entmutigen! Bleiben Sie dran! Probieren Sie es immer wieder.** Sie werden feststellen, dass es Ihnen bald schon viel leichter fällt und Ihre Fesseln sich lockern. Gestern haben Sie es kaum gewagt, Ihrer Freundin zu sagen, dass Sie keine Lust auf Wellness im Bayerischen Wald haben. Heute schlagen Sie augenzwinkernd Hollywood vor. Heißen Sie jeden Ausbruchsversuch willkommen als Beweis Ihrer Lebendigkeit und Einzigartigkeit! Wenn wir beginnen, uns weiterzuentwickeln, aus uns herauszugehen, un-

ser Nest zu verlassen, ist das einerseits zwar ein tolles Gefühl. Andererseits macht es auch Angst. Nicht nur uns selbst, sondern auch den Menschen, die glauben, uns zu kennen. Veränderung führt zu Ängsten: Warum benimmt sie sich auf einmal so komisch? Was soll das? Ich will meine alte Freundin/Frau/ Mama/ Schwester wiederhaben. Gestehen Sie Ihrer Umwelt ein wenig Schonzeit zu, um sich an die Veränderung zu gewöhnen. Flüchten Sie sich nicht zurück ins winzige Zimmerchen des Altbekannten, wenn Sie zu Beginn auf Unverständnis stoßen. Das gibt sich alles. **Die Wogen glätten sich. Später werden die Menschen, die Sie mögen, genauso stolz auf Sie sein wie Sie selbst.** Und alle anderen? Auf deren Meinung können Sie getrost verzichten. Wieso sollten Sie sich mit Menschen umgeben, die Ihnen kein Wohlwollen schenken? Aber das wird sicher nicht passieren. Schließlich haben Sie Ihre Frequenz gewechselt und empfangen nur noch solche Signale, die Ihnen gut tun. Weil Sie sich selbst gut tun. Positive Signale müssen im Übrigen keine Schmeicheleien sein, auch konstruktive Kritik ist als guter Hinweis zu begrüßen! Je selbstbewusster Sie werden, desto mehr vertragen Sie davon. Auch Ihr Bekannten- und Freundeskreis wird sich verändern. Und auf einmal befinden Sie sich in bester Gesellschaft von Schlossbesitzern, die überhaupt keine Skrupel haben, zuzugeben, dass sie Paläste bewohnen.

## Charisma-Finsternis

Man gab Frauen beim Warten auf einen Test (der zur Tarnung vorgeschoben war) Frauenzeitschriften zu lesen. Nachdem sie eine Weile darin geblättert hatten, sollten die Frauen einen psychologischen Fragebogen ausfüllen. Vor dem Durchblättern der Zeitschriften hatten sie ebenfalls einen Fragebogen ausgefüllt. Nun stellte man fest, dass die Frauen nach der Lektüre dieser Zeitschriften schlechter gelaunt waren und ein schlechteres Bild von sich selbst hatten als zuvor. Eigentlich kein Wunder: Sie hatten sich damit beschäftigt, was sie alles nicht waren. Nämlich keine Models – deren Bilder mit Weichzeichnern und Photoshop gnadenlos retuschiert wurden. Die Leserinnen waren weder zwischen 17 und 19 Jahren, noch wogen sie zwischen 40 und 50 Kilo. Sie trugen keine Designerklamotten und niemand hatte sie geschminkt. Sie posierten nicht auf Hawaii, waren keine Managerinnen und auch keine Staranwältinnen.
Für sie kam eher der zweite Teil der Zeitschriften in Frage: Neue Diäten und Themen wie »Was tue ich, wenn mein Chef mich übersieht?«.
Fazit: Einschlägige Zeitschriften dämpfen Charisma.

# Wer wagt, fällt rein?

Marshall Rosenberg, der Begründer der gewaltfreien Kommunikation, erzählte bei einem Seminar von seiner Tochter, um die er sich ein wenig sorgte, als sie ein Teenager war. »Sie war damals so nett. Vielleicht zu nett.« Er befürchtete, sie würde nicht genug auf ihre eigenen Bedürfnisse achten. Eines Tages wurde Rosenberg zum Schuldirektor zitiert. Das Mädchen war in »unpassender« Kleidung zur Schule gekommen, was dem Direktor missfiel. Als er Rosenbergs Tochter darauf ansprach, antwortete sie: »Scheiß drauf.« Der Direktor war empört. Rosenberg nicht. »Verstehen Sie mich nicht falsch«, bat er den Direktor, »aber für mich ist das ein Grund zu feiern.« Und dann erklärte er, dass seine Tochter damit Neuland betreten habe. Sie hatte es

gewagt, für sich einzustehen. Und weil sie das zum ersten Mal tat, kam es auf rüde Art heraus. Er billigte zwar nicht, wie seine Tochter ihr Bedürfnis nach Abgrenzung ausgedrückt hatte, doch er freute sich sehr darüber, dass es geschehen war. Wenn wir etwas Neues beginnen, schlagen wir am Anfang öfter über die Stränge. Denn wir wissen noch nicht so genau, wie es geht. Wir sind noch nicht parkettsicher in diesem neuen Verhaltensraum unseres Palasts. Das ist normal, das gehört dazu. So lauten die Spielregeln für den ersten Schritt der Veränderung, den wir nicht vor dem zweiten tun können, sonst geraten wir ins Stolpern. **Sollten Sie demnächst über die Stränge schlagen: Bestrafen Sie sich nicht!** Das ist kein Grund für Scham oder Peinlichkeit. Es ist auch kein Grund, sich ins stille Kämmerlein

*Wenn ich mich aus mir heraustraue, wachse ich in mich hinein.*

zurückzuziehen und sich schlecht zu fühlen. Ganz im Gegenteil! Lassen Sie den Champagnerkorken knallen, und feiern Sie Ihren Mut zur Veränderung. Auch ein missglückter Schritt über die Gewohnheitsgrenze ist ein Grund zum Feiern.

## Wer wagt, gewinnt – sich selbst!

Ahnen Sie allmählich, dass noch unendlich viele Zimmerfluchten in Ihrem Palast zu entdecken sind? Stockwerke, Flügel, Balkone, Galerien. Wer wächst, braucht Platz. Mehr Innenraum. Jetzt wissen Sie, wie Sie ihn erschaffen: Ausprobieren. Neues wagen. Risiken eingehen. Sie können ganz klein beginnen, Hauptsache, Sie fangen an. Sie können winzige Schritte machen, Hauptsache, Sie gehen los. Beschreiten Sie den Weg nach innen. Trauen Sie sich, hinzuschauen. Wie sind Sie wirklich? Was wollen Sie wirklich? Wohin zieht Sie Ihre Sehnsucht? Ihre eigene Sehnsucht, nicht die der anderen! Denn sich nach fremden Maßstäben zu richten, das ist, als würden Sie sich in einen Hosenanzug zwängen, der zu kurz, zu eng und noch dazu schief ist.

## Sich nicht verbiegen, sondern aufrichten

Ein zu knapp geschneiderter Anzug, die engen Grenzen einer winzigen Wohnung – das benötigt viel Energie, um sich anzupassen. Diese Energie können wir auch anders nutzen. Indem wir uns nicht klein machen, sondern uns zu unserer natürlichen Größe aufrichten. Charismatische Menschen pressen sich nicht in Formen, sie gestalten ihre eigene Form. Wie könnte Ihre neue Heimat, Ihr Anzug, Ihr Kostüm aussehen? Welche Gewohnheiten wagen Sie, in Frage zu stellen? Welche Komfortzonen möchten Sie abspecken? Welche falschen Nähte wollen Sie auftrennen, um Platz zu schaffen für Ihr charismatisches Selbst?

##  Übung: Ihr majestätisches Porträt

*Mit dieser Übung nutzen Sie die Verwirklichungsmacht bildhafter Vorstellungen.*

● 1. Schritt
Durchforsten Sie in den nächsten Tagen Zeitschriften nach Bildern, die für Sie »königliche«, charismatische Eigenschaften und Fähigkeiten symbolisieren. Hilfreich ist außerdem ein Foto von Ihnen selbst, das Sie wirklich gern mögen.

● 2. Schritt
Legen Sie Papier im A3-Format, Schere und Kleber bereit. Dann sichten Sie Ihr Bildmaterial ohne viel nachzudenken. Schneiden Sie aus, was Sie spontan anzieht, und kleben Sie die Bilder samt Ihrem Foto auf. Sie dürfen auch einen knackigen Slogan verwenden – aber den Schwerpunkt sollten Sie unbedingt auf Bilder legen, denn sie wirken direkt auf das Unterbewusstsein, ohne Umweg über den Verstand.

● 3. Schritt
Nehmen Sie sich jeden Tag ein paar Minuten Zeit, um Ihre Collage zu betrachten und sich damit in Ihr neues charismatisches Selbst hineinzuträumen.

● 4. Schritt
Nach ein paar Wochen werden Sie genug davon haben. Rollen Sie die Collage zusammen, und legen Sie sie zu Ihren Charisma-Schätzen. In einigen Monaten können Sie wieder einen Blick darauf werfen: Sie werden staunen, was Sie alles schon verwirklicht haben!

# Zeigen Sie sich

## *Vorsicht Nebel: Pusten Sie die Schleier weg von Ihrer Sonne*

**IN IHREM KOPF UND IN IHREM HERZEN** lebt die Vorstellung bereits, wie Sie als charismatische Persönlichkeit handeln und wirken. Mit Ihrer Collage haben Sie viele Facetten dieses strahlenden Selbst sichtbar gemacht. Tatsächlich, das alles steckt in Ihnen. Jetzt können Sie es auch mit Ihren Augen sehen!

Der Wunsch, hinauszugehen und tatsächlich so zu sein, wird stärker. Eigentlich könnten Sie jetzt losmarschieren. Oder? Schön wär's, doch es gibt noch einige Herausforderungen, denen Sie sich stellen müssen. Beispielsweise sind Sie nicht allein auf der Welt. Denn was passiert, wenn Sie die Tür öffnen? Sobald Sie hinaustreten ins Treppenhaus, auf die Straße, begegnen Sie anderen Menschen, und die schauen Sie an. Plötzlich tippt Ihnen die Angst auf die Schulter, vernebelt die Sinne und erstickt Ihre Sonne: das Charisma. **Aber dieser Angstnebel löst sich rasch auf, wenn Sie Ihren – vermeintlichen – Gegnern mutig ins Auge blicken.**

Deshalb geht es in diesem Kapitel um Ängste, deren Ursachen und Verursacher, um den klugen Umgang mit Kontrahenten und wie Ihnen bei all dem die dreifache Achtsamkeit hilft.

## Wovor und warum haben wir Angst?

Eigentlich ist es toll, angeschaut, gesehen zu werden. Aber andererseits … was bedeuten diese Blicke? Sind sie freundlich? Oder werde ich gar aufs Korn genommen? Ins Visier? Stehe ich in einem Schussfeld? Wer durchbohrt mich mit seinen Blicken? Und wer sagt, dass es den bösen Blick nicht gibt? Angeschautwerden fühlt sich manchmal ziemlich unangenehm an! Aber dabei muss es nicht bleiben, im Gegenteil: Im Fokus der Aufmerksamkeit zu stehen, kann auch eine erfreuliche, belebende Erfahrung sein. **Wenn Sie sich stark und gut ausbalanciert fühlen, verkraften Sie das Angeschautwerden nicht nur, sondern können es immer öfter auch genießen.** Das gelingt umso leichter, je besser Sie die Entstehungsgeschichte Ihrer Ängste kennen. Deshalb schauen wir zuerst einmal den Dämonen in die Augen – denn das wird sie vertreiben.

## Hilfe, ich werde angeschaut

Klappen Sie bitte das Buch einmal zu, und erinnern Sie sich kurz an eine Situation, in der Sie angeschaut wurden und am liebsten weggelaufen oder vom Erdboden verschluckt worden wären. Spüren Sie in dieses unschöne Gefühl hinein, und kommen Sie dann wieder in die Gegenwart zurück. Woran haben Sie gedacht? An das letzte Gespräch mit Ihrem Chef, als er Sie wegen eines Fehlers runtergeputzt hat? An den Theaterbesuch, bei dem Sie der Länge nach aufs Parkett geknallt sind? An die mündliche Prüfung in der Schule, bei der Sie mit einem Blackout glänzten? An eine Diskussion, in der Sie für Ihre Meinung ausgelacht wurden? An Mamas tadelnden Blick, als Sie das dritte Stück Kuchen vom Backblech nahmen? Das kann alles ganz schön beklemmend sein. Wenn es uns bewusst wird, im Blickfeld zu stehen, fühlen wir uns ausgeliefert. Vielleicht sogar bedroht. So, als würde gleich etwas ganz Schreckliches passieren. Es passiert aber nichts. Nur in uns drin passiert das Schreckliche. Die Hitze, die Peinlichkeit, die Unsicherheit, das Weglaufenwollen.

### Überbewertete Bewertungen

Wir fürchten uns davor, bewertet zu werden. Wir fürchten uns vor dem Urteil der anderen und davor, durchzufallen. Als »zu …« befunden zu werden: zu laut, zu leise, zu faul, zu ehrgeizig. Zu dumm, hässlich, inkompetent. Als lächerlich, einfach lä-cher-lich. Überflüssig. Eine Zumutung. Frigide. Eine Angeberin. Von gestern. Und so weiter und so fort – Be- und Abwertungen gibt es unzählige, und sie werden wie am Fließband aufgestempelt. Oder – und das ist tragisch – wir glauben selbst, wir wären so.

### Falsche Interpretationen

Außerdem interpretieren wir die Blicke manchmal anders, als sie gemeint waren: Jemand lacht uns wohlgesonnen an, wir fühlen uns aber ausgelacht. Jemand schaut zu Boden, während wir sprechen, weil er über das Gesagte nachdenkt, wir fühlen uns aber ignoriert. **All das liegt an unserer eigenen Unsicherheit.** Solchen Missverständnissen widmen wir uns später noch. Zuerst wollen wir mutig unseren Ängsten begegnen.

### Anpassung – das Ur-Programm

Wir laden Sie ein auf einen Ausflug in uralte Zeiten, als wir noch mit unserer Horde durch Wald und Steppe trabten. Wie überlebensfähig wären Sie seinerzeit gewesen, allein und auf sich selbst gestellt, vielleicht mit zwei kleinen Kindern am Fellzipfel?

PRÄSENZ

Die Gemeinschaft bietet Schutz und Sicherheit. Darauf sind wir programmiert. Bis heute! Dieser Schutz ist auch überlebenswichtig – gewesen. Heute ist das nicht mehr so. **Wir sind zwar noch immer auf Gemeinschaft angewiesen, doch wenn uns die eine Clique nicht mehr gefällt, ziehen wir weiter in die nächste: Wir haben viel mehr Wahlmöglichkeiten.** Doch erklären Sie das einmal Ihrem Gehirn, das schaltet diesbezüglich auf Durchzug. In den entscheidenden Hirnzentren laufen noch immer dieselben Programme wie damals anno Säbelzahntiger, und deren Inhalt bedeutet in Kurzfassung: Dazugehören sichert Leben. Wer ausgestoßen wird, ist so gut wie tot.

Aus diesem Grund scheuen wir uns auch heute noch davor, anders zu sein. Wenn die meisten unserer Freunde und Freundinnen in kleinen Wohnungen leben – wie sollen wir uns dann in einem Schloss zurechtfinden, auch wenn es zu uns gehört als Persönlichkeitspalast? Wenn wir dort residierten, würden wir uns von den anderen entfernen. Die wollen nämlich nicht mitkommen, sprich in ihre eigenen Paläste ziehen, die bleiben lieber in ihrem Nest hocken und besuchen uns nicht mal. Sie glauben nämlich, bei uns im Schloss würde es spuken. Und da haben sie Recht. All die neuen Räume! Welche Facetten meiner Persönlichkeit ich dort entdecken kann: Hier wohnt mein Übermut, dort drüben meine Überzeugungskraft, und neben dem Schlafgemach räkeln sich meine Koketterie, mein Elan und meine Leidenschaft. Ja, das kann schon unheimlich sein. Sogar so unheimlich, dass es auch uns selbst Angst machen kann.

Doch keine Sorge, diese Unsicherheit gehört zum Umzug. Wenn wir

*Ab heute bewohne ich meinen Palast.*

## So werden Sie zu einer geschätzten Gesprächspartnerin

*Mit den folgenden sechs Verhaltensweisen sorgen Sie für Gleichgewicht im Gespräch und den freien Fluss belebender Energie:*

- Begegnen Sie allen Menschen auf Augenhöhe. Werten Sie niemanden ab, auch nicht sich selbst.
- Erkennen Sie großzügig die Stärken und Leistungen anderer an.
- Geizen Sie nicht mit Komplimenten und aufrichtigen, positiven Bemerkungen über andere.
- Entwickeln Sie ein Gespür für die Stimmungen Ihrer Gesprächspartner, und gehen Sie darauf ein.
- Hören Sie dem anderen stets aufmerksam zu, und unterbrechen Sie Ihr Gegenüber nach Möglichkeit nicht.
- Folgen Sie mutig Ihren inneren Impulsen, und ergreifen Sie das Wort, sobald Sie etwas zu sagen haben.

uns eingewöhnt haben, werden die Gespenster zu unseren Vertrauten. Und sollten sich unsere bisherigen Freunde nicht zu einem Besuch überreden lassen, lernen wir eben andere Menschen kennen, neue Menschen – vielleicht sind es genau jene, die wir ohnehin immer kennenlernen wollten. Jedenfalls haben diese Menschen keine Angst vor Gespenstern, denn sie wohnen ebenfalls in den Palästen ihres entfalteten Potenzials: Gleich und gleich gesellt sich gern. Charismatische Menschen ziehen magisch solche Menschen an, die zu ihnen passen … und werden von ihnen angezogen.

## Wie beantworten Sie Aufmerksamkeit?

**1. Mit Ja!**

Wir nehmen die Blicke und die Energie, die wir damit geschenkt bekommen, ohne Zaudern und Zögern an. Dadurch erfreuen wir nicht nur uns selbst, sondern ehren auch das Geschenk der Menschen, die uns ihre Aufmerksamkeit widmen.

**Fazit:** Auch der Grad, in dem ich Anerkennung und Aufmerksamkeit gelassen genieße, zeigt meine Fortschritte beim Charisma-Training. Ich halte stand.

**2. Mit Nein!**

Wenn wir uns noch nicht wirklich wohlfühlen in unserem Persönlichkeitsschloss, besteht die Gefahr, dass wir diese Energie abwehren: Das habe ich ja gar nicht verdient! Besonders Komplimente scheinen die Abwehr anzustacheln: »Was für ein hübsches Kleid!« – »Ach, war ganz billig.« »Das haben Sie toll gemacht!« – »Ist nicht der Rede wert.« Das ist, als würden wir einen geschenkten Blumenstrauß in die nächste Tonne werfen. Interessanterweise beklagen sich gerade solche Menschen, die Komplimente rigoros zurückweisen, oft darüber, selten Anerkennung zu bekommen. Ohne es bewusst zu wollen, machen wir uns kleiner als wir sind. Oft machen wir dann auch die Menschen klein, die gerade im Mittelpunkt stehen. Die Bauchtänzerin, die uns im türkischen Lokal anlächelt: »In dem Alter würde ich das aber nicht mehr machen!«

Die Kollegin, die in der Teambesprechung eine Verbesserung der Auftragsabwicklung vorschlägt: Die will sich bloß wichtig machen! Sollten Sie hin und wieder zu solchen Ausrutschern neigen, machen Sie sich bewusst: Wer die Größe anderer Menschen anerkennt, ist selbst groß.

**Fazit:** Als charismatischer Mensch erkenne und anerkenne ich das Charisma anderer Menschen.

### 3. Mehr, mehr, mehr davon!

Im Mittelpunkt stehen kann auch süchtig machen. Gerade Menschen, deren Glaubenssätze extrem begrenzend wirken, entwickeln manchmal eine regelrechte Gier nach Beachtung und Aufmerksamkeit, um den Schmerz der inneren Abwertung auszugleichen. Doch bei den Aufmerksamkeitsjunkies klappt dann das ganze Selbstbewusstsein zusammen nach dem Motto: Wenn mich niemand anschaut, bin ich gar nicht da.

Das ist genauso gefährlich und falsch verstanden wie die Zurückweisung von Lob. Der goldene Mittelweg ist die Lösung. Also Aufmerksamkeit genießen – aber nicht davon abhängig werden! Das gereifte Charisma drängt sich nicht in den Mittelpunkt. Es leuchtet unabhängig vom äußeren Applaus.

**Fazit:** Mein Selbstwert ist unabhängig davon, ob andere Menschen mich anschauen oder nicht. Ich allein bestimme meinen Wert.

## Toll, ich werde angeschaut

Es wird Zeit für die positiven Seiten fremder und vertrauter Blicke auf uns. Die haben Sie ganz bestimmt auch schon erlebt. Aufmerksamkeit ist eine Form der Energie. **Worauf auch immer Sie achten, wem auch immer Sie sich zuwenden, dem schenken Sie Ihre Aufmerksamkeitsenergie.** Wäre diese Energie sichtbar, könnten Sie einen feinen Strom von sich zu diesem Buch fließen sehen. Welche Farbe hat Ihre Energie jetzt gerade? Sie zeigt sich zwar nicht jeden Tag im selben Kleid, doch da ist sie immer. Stellen Sie sich vor, Sie sitzen mit lieben Menschen zusammen und erzählen von Ihrem Charisma-Training. Charisma will natürlich jeder haben, und alle hören Ihnen interessiert und aufmerksam zu, schauen Sie an. So fließt Ihnen

prickelnde, belebende Energie zu, von jedem einzelnen. Und auch in einem Meeting, in dem Sie das Wort ergreifen, werden Sie angeschaut, und die Energie der anderen strömt Ihnen zu. Oder in einem Lokal, das Sie gut gelaunt und deshalb strahlend betreten. Sie ziehen die Blicke auf sich. Energie fließt Ihnen zu. Diese Energie wirkt belebend – und Sie strahlen dadurch noch heller.

Leider ist es nicht so einfach, wie es sich anhört, diese Aufmerksamkeitsenergie anzunehmen: Wir benehmen uns oft, als würden wir zu etwas Schrecklichem gezwungen. Denn es kann ganz schön schwer sein, im Mittelpunkt zu stehen. Deshalb gibt es eine Reihe von Ausweichstrategien, um Aufmerksamkeit abzublocken, wie ausweichende Blicke oder hastiges Reden. Damit kennen sich die meisten

*In einer Runde zieht immer der Mensch mit dem höchsten Rang die meisten Blicke auf sich.*

Zeitgenossen besser aus als mit dem vorbehaltlosen Ja zum Mittelpunkt. Gerade so, als wären die Menschen, die uns in den Mittelpunkt setzen, mit dem bösen Blick behaftet. Damit tun wir ihnen Unrecht. Und uns auch, denn wir bringen uns um das schöne Erlebnis, unser Charisma zu genießen.

## Hilfe, ich werde ignoriert

Manchmal leiden wir nicht an zu viel Aufmerksamkeit, sondern an zu wenig. Dann nagt vielleicht der Zweifel an uns, ob zum Beispiel unser Partner uns auch gebührend zu schätzen weiß. Nehmen wir für die folgende Übung einmal an, Sie werden tatsächlich nicht so behandelt, wie Sie es verdienen.

● Ein Verkäufer ist unfreundlich. – Sie reagieren verstimmt.

● Ihre Chefin motiviert ihre Mitarbeiter nach der Devise »Nicht gemotzt ist genug gelobt.« – Sie hungern nach Anerkennung und kündigen innerlich.

Diese Reaktionen – so verständlich sie auch sein mögen – ändern leider nichts an der Situation und machen niemanden glücklich, am wenigsten Sie selbst.

Ist sie also doch wahr, die viel zitierte Weisheit, dass Geben seliger denn Nehmen sei? Es ist wahr – einerseits. Andererseits könnten Sie, sollten Sie sich dabei »verausgaben«, auch in die Aufopferungsfalle tappen. Wenn Sie etwas geben – sich einbringen, etwas verschenken, für andere sorgen – weil Ihnen etwas am Tun selbst liegt, weil es Ihnen Freude bereitet, dann ist Geben in der Tat zutiefst befriedigend. In einem solchen Fall ist es Ihnen gleichgültig, ob Sie dafür Wertschätzung erhalten oder nicht. Der Lohn liegt bereits in der Freude am Tun, und damit versprühen Sie Charisma. **Menschen, die der Stimme ihres Herzens folgen, ohne groß nach dem Nutzen zu fragen, ziehen andere magisch an.** Wenn Sie hingegen geben, um Anerkennung zu ernten, könnte sich das

 ## Übung: Das Charisma-Paradox

*Mit dieser Übung blüht Ihnen eine wundervolle Erfahrung: großzügig zu sein und aus dem Überfluss mit vollem Herzen zu geben.*

- 1. Schritt
  Erstellen Sie eine Liste, was Sie gerne von anderen bekommen möchten:
  Lob, öfter mal einen Blumenstrauß, ein paar aufmunternde Worte, eine Geste der Zuneigung, Geduld, ein emotionales Zuhause ...

- 2. Schritt
  Jetzt drehen Sie den Spieß um! Wenn Sie sich mehr Aufmerksamkeit wünschen, schenken Sie selbst jemandem Ihre Aufmerksamkeit. Wenn Sie liebevoller behandelt werden möchten, seien Sie liebevoll zu anderen. Machen Sie sich bewusst, dass die Laus, die einem unfreundlichen Verkäufer über die Leber gelaufen sein mag, nicht das Geringste mit Ihnen zu tun hat, und schenken Sie ihm ein Lächeln.
  Gehen Sie verschwenderisch mit Anerkennung um, und sagen Sie offen, was Ihnen gefällt und was Sie gut finden. Möglicherweise wird sich dadurch im Außen nicht viel verändern – doch Sie werden sich bedeutend besser fühlen. Es geht nichts über das beglückende Gefühl, selbstbestimmt zu handeln.

- Fazit: Wenn Sie Ihre Aufmerksamkeitsenergie großzügig verschenken, wird Ihnen bewusst, wie viel Sie davon haben. Die Quelle von Freude und Energie entspringt in Ihrem Inneren!

mindernd auf Ihr Selbstbewusstsein und damit auf Ihr Charisma auswirken. Dem Kuchen, den Sie für das Jubiläum des Kindergartens gebacken haben, mag man nicht ansehen, ob Sie ihn freudvoll oder mit Widerwillen geknetet haben, weil Ihnen der Mut fehlte, Nein zu sagen, als die »Kuchenmütter« eingeteilt wurden. Doch Ihrem Charisma ist es anzusehen. Wenn wir Dinge tun, die wir nicht gern tun, büßen wir unsere Strahlkraft ein.

## Jetzt schau ich dich an

Haben Sie sich schon einmal bewusst gemacht, dass nicht nur Sie angeschaut werden, sondern Sie auch andere anschauen? Bisher haben wir uns vordergründig um den Blick gekümmert, der uns »trifft«. Wir waren sozusagen passive Objekte. Vielleicht haben wir uns in manchen Situationen sogar als Opfer gefühlt. **Doch in jeder Situation sind wir auch Subjekt und können aktiv handeln. Wir werden nicht nur angeschaut – wir schauen auch an. Ein solcher Blickwechsel verändert alles.**

Das Resultat: Sie fühlen sich anders! Nicht mehr begutachtet, abgeschätzt, bewertet. Nein, jetzt sind Sie diejenige, die das Sagen, sprich Schauen hat! Und das verleiht

## Überprüfen Sie Ihre Strahlkraft

Wie hoch steht Ihre strahlende Persönlichkeitssonne bei welcher Tätigkeit? Finden Sie heraus, wo Sie Strahlkraft einbüßen, weil Sie Dinge tun, die Sie eigentlich nicht tun möchten. Wenn Sie selbstbestimmt und im Einklang mit Ihren Lebensvorstellungen handeln, werden Sie bei jeder Tätigkeit maximale Sonnenenergie zur Verfügung haben.

> *Wenn Sie selbst schauen, versetzen Sie sich sofort in eine andere Position und Haltung.*

Ihnen Macht. Gleichzeitig treten Sie selbstloser – im Sinne von anderen zugewandt – auf. Denn wenn Sie ständig damit beschäftigt sind, darüber nachzudenken, wie Sie wohl wirken, haben Sie kaum mehr Kapazitäten frei, um herauszufinden, wer das überhaupt ist, dem Sie die Macht darüber geben, zu entscheiden, wie Sie ankommen. Sie machen sich selbst klein und die anderen groß. Dabei werden Sie immer kleiner, je angestrengter Sie sich mit Ihren eigenen Ängsten beschäftigen. Da ist kein Raum mehr, um andere wahrzunehmen: Ist da überhaupt jemand? Und wer? Egal? Nein, ganz bestimmt nicht. Denn Ihr Publikum oder die Menschen, mit denen Sie sprechen, merken sehr genau, ob sie wahrgenommen werden. **Charismatische Menschen nehmen andere Menschen stets aufmerksam wahr – genauso, wie sie auch sich selbst wahrnehmen.** »Was vor uns liegt und was hinter uns liegt, sind Kleinigkeiten zu dem, was in uns liegt. Und wenn wir das, was in uns liegt, nach außen in die Welt tragen, geschehen Wunder«, sagte Henry David Thoreau.

### Beziehen Sie Ihre Zuhörer mit ein

In meinen Seminaren zum charismatischen Auftreten üben die Teilnehmer auch die freie Rede. Die meisten Teilnehmer und Teilnehmerinnen staunen, wenn sie bemerken, dass sie sich als Zuhörer ignoriert fühlen, sobald der oder die Vortragende sie nicht mit Blicken einbezieht. In einer kleineren Gruppe geschieht das schnell, wenn der Redner es versäumt, sich auch den links und rechts am Rand Sitzenden hin und wieder zuzuwenden. Ein solcher Redner erweckt kein gutes Gefühl bei den Zuhörern. Sie fühlen sich ausgegrenzt und schalten ab. Das wiederum schwächt den Redner, der nun ja weniger Aufmerksamkeitsenergie erhält. Vergessen Sie niemals: Wo immer sich Menschen begegnen, beginnt ein Dialog – auch wenn nur einer spricht und die anderen zuhören.

Sind Sie neugierig zu erleben, wie viel Macht tatsächlich in Ihrem Blick liegt? Es ist nichts Geringeres als die Macht, Ihre Realität zu erschaffen. **Jeder Mensch schaut durch eine imaginäre Brille. Immer. Niemand kann objektiv sehen und beurteilen. Die Brille unserer Einstellung, unserer inneren Haltung tönt unsere Wahrnehmung.** Das können Sie gleich einmal ausprobieren. Blättern Sie um, und erfahren Sie mit der Übung »Brillenwechsel«, wie wichtig Ihre eigene Perspektive ist.

Ahnen Sie schon, welche Brillen Ihre Ausstrahlung verdunkeln und welche sie leuchten lassen? Ab heute haben Sie die Wahl. Durch welche Brille wollen Sie den Menschen betrachten, der vor Ihnen an der Kasse trödelt? Ihre Kollegen, Freundinnen, Ihren Mann, den Mitarbeiter, der Ihnen bislang nicht sonderlich sympathisch ist? Lassen Sie sich von Friedrich Nietzsche anstiften, so oft wie möglich die Ich-sehe-das-Beste-in-dir-Brille aufzusetzen, denn: »Was du von einem Menschen denkst, entzündest du in ihm.« Das gilt natürlich und ganz besonders auch für Ihren Blick auf sich selbst. Betrachten Sie sich als Schlossherrin, als stolze Besitzerin eines unendlichen Potenzials. So fällt es Ihnen leicht, für sich selbst einzustehen.

*Wer vorne steht und nur mit sich selbst beschäftigt ist, kann keinen Funken zünden.*

## Übung: Brillenwechsel

*Mit dieser Übung lernen Sie, Ihre innere Haltung wahrzunehmen und bewusst zu beeinflussen.*

- 1. Schritt

  Setzen Sie bitte in Gedanken Ihre Kritikerbrille auf, und inspizieren Sie damit Ihre Umgebung. Was sehen Sie? Staub und Fingerabdrücke? Tränensäcke und Falten? Farbliche Disharmonien? Schauen Sie sich um, gern auch außerhalb Ihrer Wohnung, nehmen Sie ruhig auch andere Menschen ins Visier. Dann setzen Sie die Brille wieder ab.

- 2. Schritt

  Setzen Sie jetzt die Brille bewundernder Begeisterung auf, und sehen Sie sich um. Was fällt Ihnen auf? Ein hübscher Gegenstand? Ihre strahlend blauen Augen? Dass alles blitzblank ist? Ein interessantes Gesicht dort vorne an der Rolltreppe? Setzen Sie auch diese Brille wieder ab.

- 3. Schritt

  Jede »Brille« lässt Sie Ihre Umgebung mit einer unausgesprochenen Grundfrage betrachten und lenkt so Ihre Aufmerksamkeit, bestimmt, was Sie sehen und was nicht. Experimentieren Sie mit folgenden Brillen:

  - Humorbrille: Was ist hier besonders lustig?
  - Neidbrille: Was haben die, was ich nicht habe?
  - Glücksbrille: Ist es nicht wunderbar, wie alles zu meinem Glück beiträgt?
  - Schlechte-Laune-Brille: Worüber kann ich mich aufregen? Was finde ich blöd? Was kann ich nicht leiden?

- Interessebrille: Was gibt es in dieser Situation zu lernen oder zu erkennen?
- Erfolgsbrille: Welche Chance kann ich hier ergreifen?
- 4. Schritt
  Fragen Sie sich die nächsten Tage öfters: Welche Brille habe ich gerade auf der Nase? Erinnern Sie sich selbst an diese Sehhilfen, zum Beispiel durch Haftnotizzettelchen an strategisch günstigen Plätzen oder mithilfe Ihres Handys. Sie können sich auch vornehmen, eine Weile mit Ihrer Lieblingsbrille durch den Tag zu gehen.
- Tipp: Brillenwechsel macht in Gesellschaft besonders viel Spaß. Sie können es mit einer Freundin spielen, mit Ihrer Familie, mit Kollegen. Probieren Sie es aus, und Sie werden damit belohnt, dass Sie Ihren Stimmungen nicht mehr ausgeliefert sind.
- Fazit: Sie bestimmen selbst, was Sie in den Fokus Ihres Interesses stellen, worauf Sie achten – und wie Sie sich dadurch fühlen.

## Mut zur Angriffsfläche

Zu meiner Schauspielausbildung am Wiener Max-Reinhardt-Seminar gehörte auch Fechten. In einer Sternstunde lernte ich dort eine wichtige Lektion für mein ganzes Leben. Während ich mich voller Begeisterung mit einem Kommilitonen duellierte, korrigierte der Fechtmeister unermüdlich meine Haltung. Kaum hatte er meine rechte Schulter zurückgeschoben, da war sie auch schon wieder nach vorne geschnellt. Schließlich gab mir der Fechtmeister folgenden

*Sich nicht zu schützen, ist oft der beste Schutzschild.*

Ratschlag: »Reingard, versuche nicht, dich zu schützen. Je offener du da stehst und je weniger du einen Angriff fürchtest, desto rascher kannst du reagieren und desto unverletzlicher bist du.« Wenn wir ganz offen da stehen, signalisieren wir außerdem: Ich bin stark! Ich habe es nicht nötig, auszuweichen und mich zu verstecken.

Stehen Sie aufrecht und ungeschützt vor Ihren Zuhörern, sind Sie im wahrsten Sinn des Wortes mit ihnen – und ihren Reaktionen, Meinungen, Urteilen – konfrontiert. Sie stehen ihnen mit Ihrer Front gegenüber. Ist dieser Zustand neu und ungewohnt, versuchen viele Menschen, mit allerlei Manövern auszuweichen.

 ## So nicht! Die Top-Ten der Ausweichmanöver

- Kinn hoch, über die anderen hinweg blicken und sprechen
- Kopf schräg legen
- Schultern hoch oder nach vorne ziehen
- Brustkorb einziehen
- Brustkorb vorstrecken (nach dem Motto: Angriff ist die beste Verteidigung)
- Schultern, Becken oder den ganzen Körper leicht abwenden
- Arme eng an den Körper pressen
- schaukeln oder auf den Fußballen wippen
- ziellos hin und her gehen
- Hände in die Hosentaschen stecken

## Schluss mit den Ausweichmanövern

Diese Fluchtreflexe betreffen nicht nur unsere Körperhaltung. Wir sagen auch »Ja« und meinen »Nein«. Wir sagen »später« und meinen »nie«. Wir machen Dinge, die wir eigentlich nicht tun wollen. Wir verhalten uns anders, als wir es möchten, weil wir von anderen gemocht werden wollen. Und wenn wir nicht das tun, was von uns erwartet wird, verlieren wir Zuneigung. Tatsächlich? Haben Sie das schon ausprobiert? In Wirklichkeit ist es anders: **Menschen, die den Mut haben, ihre Meinung zu äußern, werden hoch geschätzt, während everybody's Darling oft heimlich als everybody's Depp verunglimpft wird.**
Übrigens: Menschen, die nie Fehler machen, beeindrucken zwar, gewinnen aber keine Herzen. Auch Sie brauchen nicht perfekt zu sein, um sich mit Stärke und Souveränität zu schmücken. Geben Sie einen Fehler unumwunden zu, lernen Sie daraus, und machen Sie es beim nächsten Mal besser. So gewinnen Sie dreifach:
- Sympathie – Fehler machen ist menschlich,
- Respekt – Sie zeigen die Stärke, Schwächen zuzugeben,
- Selbstbewusstsein – Sie haben die Situation gemeistert und etwas dazu gelernt.

Charismatische Menschen stehen fest und sicher auf beiden Beinen in einer Aura aus Stärke und Souveränität.

## Lassen Sie die anderen schnattern

Kritikfähig zu sein bedeutet, dass wir uns nicht allzu leicht persönlich angegriffen fühlen – wie auch, als starker Baum! Zudem zeigen wir damit, dass wir flexibel sind und gern dazulernen – alles Eigenschaften, die Charisma fördern. Doch unqualifizierte Bemerkungen haben nichts mit konstruktiver

# Übung: Baumstark

*Mit dieser Übung erleben Sie die innere Stärke und Souveränität, die Ihnen eine aufrechte Haltung verleiht.*

- 1. Schritt
  Stehen Sie am besten barfuß oder in flachen Schuhen, die Füße etwa hüftbreit, Ihre Knie locker und ein klein wenig gebeugt. Schließen Sie die Augen, und atmen Sie einmal tief ein und aus.

- 2. Schritt
  Stellen Sie sich vor, wie Ihre Füße Wurzeln schlagen. Die Wurzeln sind kräftig und stark und reichen tief in das Erdreich hinein.

- 3. Schritt
  Aus diesen Wurzeln lassen Sie einen kräftigen, geraden Baum emporwachsen. Der Stamm wächst durch die Beine, durch das Becken und durch den Oberkörper.

- 4. Schritt
  Nun teilt sich dieser Stamm in kräftige Äste. Zwei Äste dehnen auf Schulterhöhe den Körper in die Breite, ein schlanker, starker Ast wächst entlang der Halswirbelsäule nach oben und entfaltet sich über dem Kopf zu einer wundervollen Krone. Genießen Sie Ihre Größe und Ihre aufrechte Haltung.

- Variante:
  Sie können diese Übung auch im Sitzen machen. Dann ist die Sitzfläche der Erdboden, aus dem der Baum nach oben und in die Breite wächst.

- Tipp:
  Verlassen Sie Ihre Wohnung als »wandelnder Baum« – königlich aufgerichtet.

Kritik zu tun. Mancher Neider verpackt seine Missgunst in angeblich gut gemeinte Kritik, die alles andere als unterstützend ist. Lassen Sie die Enten ruhig schnattern: Mitleid kriegt man geschenkt, Neid muss man sich verdienen.

# Lernen Sie Ihre Widersacher kennen

Und was passiert, wenn nicht nur Enten schnattern, sondern ein Platzhirsch röhrt, der nicht mit Ihrem erstarkenden Charisma zurecht kommt? Der Sie lieber dort sähe, wo Sie seiner Meinung nach hingehören: in die Kaffeeküche zum Beispiel, an den Kopierer oder in den Keller. Was nun? Ausweichen? Nein, natürlich nicht! Das würde Ihre Strahlkraft dramatisch mindern. Außerdem haben Sie doch gerade gelernt, sich vor den Top-Ten der Ausweichmanöver zu hüten. Streit anfangen? Das kleidet die Souveränität gar nicht gut. Was dann?

## Dreikampf zur Konfliktlösung

Ganz einfach – Sie rüsten sich für den intelligenten Dreikampf:
- Würdigen Sie Ihren Gegner.
- Schlüpfen Sie in die Haut Ihres Kontrahenten.
- Decken Sie den Konflikt auf.

Diese drei Schritte helfen Ihnen, klug und ohne Panik mit Konflikten umzugehen.

### Würdigen Sie Ihren Gegner

Wer seine Muskeln stählen will, muss ihnen etwas bieten: Widerstand. **Nur ein Muskel, der gefordert wird, wächst und wird stärker. Genau so ist das auch mit Ihren seelischen Muskeln, mit Ihrem Charakter, Ihren Fähigkeiten.** Die wachsen ebenfalls am Widerstand. Deshalb brauchen Sie ab sofort keine Angst mehr davor zu haben, ganz im Gegenteil: Heißen Sie jede Chance zum Muskeltraining willkommen! Ziehen Sie Ihre Boxhandschuhe an, sprich: setzen Sie die richtige Brille auf, und steigen Sie in den Ring.

**Wenn Ihnen jemand die Stirn bietet, setzen Sie am besten die Chancenbrille auf, denn damit erkennen Sie die Option zum Wachstum, die im Widerspruch liegt.** Wie es sich in der hohen Kampfkunst gehört, bedanken Sie sich innerlich zuerst bei Ihrem Sparringspartner. Dann konzentrieren Sie sich auf die Frage, weshalb er Sie herausgefordert hat. Worum geht es wirklich? Häufig wird die Wahrheit verschleiert. Gründe werden vorgeschoben, damit der andere sein Gesicht nicht verliert. Man kann ja wohl schlecht zugeben: »Ich fordere dich zum Kampf auf, weil du so mutig deinen Weg gehst und Nein zu sagen wagst.« Besser klingt es, wenn man sagt: »Du bist total egoistisch und denkst immer nur an dich selbst.«

Früher sind Sie auf solche Sprüche vielleicht hereingefallen und haben wild um sich geschlagen. Heute atmen Sie tief durch und entwickeln Ihre Strategie. Angriff oder Verteidigung? Abwarten und Tee trinken?

Sollten Sie einen Fehler gemacht haben, fällt es Ihnen als charismatischer Persönlichkeit nicht schwer, ihn zuzugeben. **Ihre Souveränität beweisen Sie in der Kooperation, nicht mit Rechthaberei.**

Oder es geht auch einmal darum, nicht kooperativ zu sein: Nein, mit mir nicht. Trotzdem danke für die Möglichkeit, meinen Charakter durch diese Auseinandersetzung zu stärken.

So weiten Sie Ihre Persönlichkeit aus und erobern neue Räume im Palast. Sie lernen Neues hinzu, erwerben Wissen und schulen zudem Ihre soziale Kompetenz.

*Widerstand ist eine Chance, meine Charakter- und Seelenmuskeln zu stärken. Ich wachse daran.*

## Übung: Bewegungspapagei

*Mit dieser Übung schärfen Sie die Wahrnehmung körpersprachlicher Signale bei sich selbst und bei anderen. Darüber hinaus schulen Sie Ihre Fähigkeit, sich in jemanden einzufühlen.*

- **1. Schritt**
  Ob Bus, Caféhaus, Park: Wenn Sie sich das nächste Mal unter Unbekannten aufhalten und ein wenig Muße haben, schauen Sie etwas genauer hin. Was ist für einen dieser Menschen charakteristisch? Hochgezogene Schultern? Hektische Gesten? Zusammengepresste Lippen? Ein wiegender Gang? Und dann spielen Sie Bewegungspapagei: Imitieren Sie das, was Sie sehen, so genau (und trotzdem unauffällig) wie möglich.

- **2. Schritt**
  Bleiben Sie eine Weile in dieser Haltung, und spüren Sie nach, wie Sie sich dabei fühlen. Beklommen? Unsicher? Großspurig? Offen? Deprimiert? Frei? Gestresst? Schütteln Sie die fremde Körpersprache wieder ab, lassen Sie sich kurz in Ihrem eigenen Leib nieder und suchen Sie sich dann einen anderen Menschen, den Sie nachahmen und in den Sie sich einfühlen.

- **3. Schritt**
  Sprechen Sie mit jemandem über Ihre Erkenntnisse, oder notieren oder skizzieren Sie das Wesentliche, und legen Sie die Blätter zu Ihren Charisma-Schätzen.

- **Tipp:**
  Üben Sie mit einer Freundin.

## Schlüpfen Sie in die Haut Ihrer Kontrahenten

Geben Sie sich Mühe, Ihr Gegenüber wirklich zu verstehen. Dann ist es viel leichter, eine Lösung zu finden, die für alle Beteiligten stimmig ist. Verstehen geschieht oft unbewusst und nonverbal.

## Decken Sie den Konflikt auf

Verschleppte Konflikte werden chronisch. Unstimmigkeiten unter den Teppich kehren – das funktioniert langfristig nicht. Tröstlich ist: Konflikte sind völlig normal. Meistens wird um eine Sache gestritten: Das alte EDV-System ist besser! Nein, das neue! – Du hast das gesagt! Nein, habe ich nicht! – Der Mantel ist grün! Der Mantel ist blau!

**Aber hinter der Sache, um die es scheinbar geht, steckt oft etwas ganz anderes: Jemand braucht eigentlich Wertschätzung. Oder mehr Selbstbestimmung. Oder Entlastung. Oder Verständnis.** Wird dieser persönlich-emotionale Hintergrund nicht erkannt, ist in der Sache nur schwer eine Einigung möglich, höchstens ein fauler Kompromiss, oder der Mächtigere setzt sich rücksichtslos durch.

Mit Charisma sieht das anders aus. Ein Gespräch, um dem Konflikt hinter dem Konflikt auf die Spur zu kommen, könnte so beginnen: »Wir streiten um diese Sache. Ich frage mich, was dahinter steckt. Könnte es sein, dass ...?« Dass Sie Unterstützung brauchen / mehr Entscheidungsspielraum wollen / Anerkennung vermissen / früher informiert werden wollen, falls es zu Verzögerungen kommen sollte? Wenn Sie den Konflikt nicht befrieden können, die Sache aber wichtig für Sie ist: Holen Sie sich Unterstützung von einem erfahrenen Mediator. Ansonsten gilt: Sie haben Ihr Bestes getan. Wenn sich der Knoten trotzdem nicht löst – dann lassen Sie die Enten ruhig schnattern, den Platzhirsch röhren. Sie haben Ihre Schuldigkeit getan und können sich jenen Dingen zuwen-

# 5 Schritte auf dem Weg zur Lösung

*Es gibt keine Bösewichte. Es gibt nur Menschen, die in einer bestimmten Situation nicht wissen, wie sie ihre Bedürfnisse so erfüllen können, dass damit allen gedient ist. Jeder Konflikt ist auch eine Chance für die Beteiligten.*

● 1. Innere Stärke und Harmonie entwickeln
Noch vor jeder Meinungsverschiedenheit: Wie realistisch ist mein Selbstbild? Kann ich mich so annehmen, wie ich bin? Dann werfen mich Konflikte grundsätzlich nicht so leicht aus der Bahn.

● 2. Selbstkontakt und Selbstklärung
Tritt ein Konflikt auf: Was stört mich genau? Was schmerzt? Was liegt dahinter? Welche meiner Bedürfnisse sind nicht erfüllt?

● 3. Konflikt aufdecken
Ins Gespräch kommen: Worin genau bestehen unsere Differenzen? Was liegt dahinter? Welche deiner und meiner Bedürfnisse sind nicht erfüllt?

● 4. Spannung und Ratlosigkeit aushalten
Es ist nicht so schlimm, wenn wir nicht sofort eine Lösung finden. Wir bleiben dran.

● 5. Ehrliche Lösung
Bei einem Kompromiss gibt es meistens zwei Verlierer. Hilfreicher ist eine Lösung, der beide Parteien mit ganzem Herzen zustimmen.

● Tipp:
Marshall Rosenberg hat mit der gewaltfreien Kommunikation hervorragende Hilfen zur Konfliktlösung entwickelt. Alle seine Bücher sind empfehlenswert.

den, die Sie wirklich interessieren. Schieben Sie die Schattenmacher entschieden beiseite. Schließlich wollen Sie die maximale Strahlkraft Ihrer Sonne genießen.

## Die Essenz der Präsenz

Präsenz ist die Schwester des Charismas. Präsentsein heißt, eine Art Aura um sich herum zu schaffen, einen Raum auszufüllen. Machtvoll zu sein, ohne andere klein zu machen. Präsenz zeichnet auch große Schauspieler aus. Sie kann hell lodern, mitreißen, begeistern – oder still glühen. Schauspieler, die diese Kunst beherrschen, wirken im wahrsten Sinne des Wortes atemberaubend. Man hat herausgefunden, dass das Publikum bei einer solchen Darbietung im selben Rhythmus wie der Schauspieler

atmet, so fesselnd ist die Kraft der Präsenz.

Nun haben Sie vielleicht keine Ambitionen, den Oscar zu gewinnen. Doch Präsenz ist auch ein wunderbarer Weg, um den Alltag erfolgreich zu meistern und sich so manchen Raum Ihres Persönlichkeitspalastes zu erschließen, der jetzt noch unzugänglich erscheint. Präsenz ist wie ein Zaubertrank, der Sie mit besonderen Kräften ausstattet, die sich in einer faszinierenden Ausstrahlung spiegeln. **Präsente Menschen werden nicht nur schneller wahrgenommen, sie erreichen ihre Ziele auch leichter und wirken allgemein positiv.** Das hat im Übrigen wenig mit Redekunst zu tun, präsent sein kann man auch schweigend.

Auch Ihre Überzeugungskraft liegt nicht nur am Inhalt, sondern an Ihrer Stimme und an den Signalen, die Sie mit Haltung, Gesten und Mimik aussenden. Dazu wird oft

*Wer präsent ist, hat mehr Ausstrahlung.*

eine Studie von Albert Mehrabian angeführt – und meistens fehlinterpretiert. Zwar stimmen die Zahlen: **Die Bedeutung einer Botschaft wird nur zu 7 Prozent aus den Worten erschlossen, stattdessen vor allem aus Körpersprache (55 Prozent) und Stimme (38 Prozent).** Laut Professor Mehrabian gilt das jedoch ausschließlich für den Fall, dass jemand über seine Gefühle oder persönlichen Meinungen spricht. Dann erkennen Zuhörer an Körpersprache und Stimme instinktiv, ob jemand das, worüber er spricht, mag oder nicht mag. Mehr ist aus diesen Zahlen nicht herauszulesen, obwohl sie oft als Beweis für die Behauptung herhalten müssen, dass bei einer Rede fast nur das Wie zähle und nicht das Was. Wenn das auch überzogen ist, so machen Sie natürlich trotzdem Ihre Botschaft anziehender, wenn Sie selbst anziehend wirken. Was allgemein als Charisma empfunden wird, liegt tatsächlich eher im Wie, und genau das schulen Sie gerade.

# Mit dreifacher Achtsamkeit zur Präsenz

Achtsamkeit bedeutet waches Wahrnehmen. Damit Sie in einem Gespräch ganz präsent sind und Ihr Charisma voll entfalten können, benötigen Sie die dreifache Achtsamkeit:

- auf sich selbst,
- auf den anderen und
- auf das, was gesagt wird.

Dasselbe gilt, wenn Sie etwas präsentieren, einen Vortrag halten oder ein Meeting leiten. In solchen Situationen nehmen Sie am besten nicht nur sich selbst achtsam wahr, sondern eben auch Ihre Umgebung, insbesondere Ihre Zuhörer und Zuschauer.

## Selbstwahrnehmung

Sie sind das Gefäß Ihrer Botschaft. Sie sind die Quelle der Gedanken, die Sie mit dem oder den anderen teilen. Und Sie stehen im Fokus der Aufmerksamkeit. Da kann man schon nervös werden. Oder so

# Übung: Bewusstheitsdusche

*Durch diese Übung lernen Sie, sich mit einem einzigen Atemzug zu zentrieren und zu entspannen. Durch die Bewusstheitsdusche kommen Sie sofort wieder in Kontakt mit sich selbst, gewinnen Abstand zur Situation und eröffnen damit einen Raum für eine bessere Intuition.*

- **1. Schritt**
  Stellen Sie sich aufrecht hin, und schließen Sie die Augen. Atmen Sie einige Male bewusst ein und aus.
- **2. Schritt**
  Stellen Sie sich in Gedanken unter einen Wasserfall. Das Wasser ist wohlig warm und glitzert im Sonnenlicht.
- **3. Schritt**
  Mit dem Ausatmen spüren Sie, wie das wohlig warme Wasser über Ihren Kopf rinnt, über Hals und Nacken, Schultern, Rücken, Brust, Bauch und Flanken, die Arme und Hände, Unterbauch, Hüften, Gesäß, Beine, Füße – hinein in den Boden. Wiederholen Sie dies mehrere Male und stellen Sie sich dabei vor, wie das Wasser alle Anspannung fortschwemmt.

- **4. Schritt**
  Stellen Sie sich nun mit offenen Augen unter den imaginären Wasserfall und üben Sie so lange, bis Sie die »Bewusstheitsdusche« mit einem einzigen Ausatmen schaffen. Anfangs kommen Sie mit einem Atemzug vielleicht nur bis zur Brust oder zum Bauch. Das macht nichts: Fangen Sie einfach wieder oben an. Irgendwann klappt es in einem Atemzug.

damit beschäftigt sein, es gut machen zu wollen, dass man sich selbst nicht mehr wahrnimmt. Wenn Sie aber nicht wissen, was Sie tun, weil Sie sich selbst nicht wahrnehmen, kann es passieren, dass Ihnen gar nicht auffällt, dass Sie ständig auf dem Kugelschreiber herumklicken. Oder nach jedem Satz Ihre Haare hinter die Ohren streichen. Die Brille auf- und absetzen. Das sind alles Ablenkungen, die Ihre Energie schwächen und Ihren Auftritt blass machen.

**Achten Sie auch im leidenschaftlichsten Plädoyer auf sich selbst! Sie sind nicht allein – vor Ihnen sitzen Menschen, die Ihnen zuhören und zuschauen und gut unterhalten werden möchten.** Je besser Sie Ihr Publikum unterhalten, desto besser kommt auch Ihre Botschaft an, denn gute Laune öffnet die Herzen und den Geist. Lassen Sie sich also nicht hypnotisieren von eigenen Vorstellungen, sondern behalten Sie einen klaren Kopf für das, was Sie tun.

## Andere wahrnehmen

Auch, wenn es anfangs ganz normal ist, allein sich selbst wahrzunehmen, genügt es natürlich nicht. Mit der Zeit werden Sie aber für die Selbstwahrnehmung nur noch wenig Energie benötigen. Zum Glück – schließlich soll das, was Sie zu sagen haben, auch auf offene Ohren treffen. Je mehr Sie damit beschäftigt sind, sich selbst zu kontrollieren, desto weniger bekommen Sie von dem mit, was außen herum geschieht. Sind Ihre Zuhörer aufmerksam? Erreichen Sie sie überhaupt?

Manche Menschen wollen das lieber gar nicht wissen. Ihre Strategie ist es, die Zuhörer auszublenden und so zu tun, als wären sie allein. Sonst fürchten sie, keinen Ton mehr herauszukriegen. Lampenfieber äußert sich in vielerlei Varianten.

Tatsächlich ist Lampenfieber eine Reaktion auf Stress, auf eine empfundene Gefahr. Der älteste Teil unseres Gehirns reagiert auf eine (echte oder eingebildete) Gefahr noch genau so, wie anno Säbelzahntiger: Der Körper wird mit Adrenalin überflutet. Wir pumpen uns voll mit Luft und Sauerstoff, das Herz rast, der Muskeltonus steigt. Wir sind bereit für Kampf oder Flucht. Der Körper versorgt uns mit einem Maximum an Energie, die für Höchstleistung bereit steht. Investieren Sie diese großartige Spannung in Ihre Vorbereitung, geben Sie Ihr Bestes, um die Sache, der Sie »entgegenlampenfiebern«, zu einem Erfolg zu machen. Und wenn es so weit ist: **Taufen Sie Lampenfieber um in »Extravorrat an Power« – und genießen Sie das Feuer, das es in Ihnen entzündet!** Mit der dreifachen Achtsamkeit bekommen Sie auch das in den Griff. Angst macht eng und schränkt unsere Urteilsfähigkeit ein. Unsere Antennen empfangen keine klaren Signale mehr. Wir verirren uns.

Jeder kennt solche Situationen, in denen Redner an ihrem Publikum vorbei reden und es nicht bemerken, wenn sie langweilen. Dabei möchte der Redner das ganz gewiss nicht. Er redet so viel und ohne Punkt und Komma, weil er seine Zuhörer unbedingt überzeugen will. Er möchte es sogar besonders gut machen. Vielleicht befürchtet er auch, unterbrochen zu werden und verzichtet deshalb auf Pausen.

Eine gelungene Außenwahrnehmung ist wie ein hoch sensibles Messgerät, das genau erkennt, ob die Botschaften beim Publikum ankommen, ob der Inhalt verstanden wird, ob die Zuhörer frische Luft brauchen oder einen kleinen Scherz zur Entspannung. **Eine Rede oder ein Vortrag ist niemals ein Monolog!** Auch wenn eine Rednerin eine Stunde vor ihrem Publi-

*Präsentation, Vortrag, Referat – das sind alles Dialoge, auch wenn nur einer spricht!*

## Übung: Das Lampenfieber senken

*Angst blockiert unser Denkvermögen und unsere Wahrnehmung. Deswegen gilt es, die Wahrnehmung zu verändern und zu erweitern. Das geht folgendermaßen:*

1 Bewusst atmen: Einige Male durch die Nase ein- und durch die gespitzten Lippen ausatmen, und die volle Aufmerksamkeit darauf richten.
2 Eine Bewusstheitsdusche nehmen.
3 Mit dem Mittelfinger sanft auf das Jochbein unter dem Auge klopfen, rechts oder links. Dabei an die (noch) gefürchtete Situation denken.
4 Die Angst umbenennen: »Das ist Energie, die mir zum Sieg verhilft.«
5 Die Situation mit dreifacher Achtsamkeit durchleben: mich selbst, meine Worte und mein Gegenüber wahrnehmen, am besten gleichzeitig und möglichst wertfrei. So gut es geht.

kum spricht, kann sie dennoch in einem Dialog mit ihren Zuhörern sein. Wer monologisiert, dreht sich selbst das Licht ab.

### Worte wahrnehmen

Wir wissen nun zwar, dass die Verpackung des Inhalts genau so wichtig für die Übermittlung ist wie der Inhalt selbst. Doch natürlich wollen Sie nicht nur heiße Luft verbreiten. Sie haben schließlich etwas zu sagen. Möglicherweise sind Sie so begeistert davon, dass Sie noch ein Detail und noch ein Detail und noch ein Detail zum Besten geben. Vielleicht zu viel für Ihr Publikum. Bei der richtigen Dosierung hilft der zweite Aspekt Ihrer dreifachen Achtsamkeit: Die Wahrnehmung

Ihres Gegenübers. Manchmal passiert es uns auch, dass wir zu schnell reden, weil wir in Gedanken immer schon ein paar Sätze voraus sind. Dann verhaspeln wir uns leicht und werden unpräzise. Oder wir möchten alles so schnell wie möglich hinter uns bringen und vermitteln dadurch, dass es eigentlich gar nicht wichtig ist, was wir zu sagen haben. Schließlich geben wir unserem Anliegen keinen Raum, schenken ihm nicht die gebührende Aufmerksamkeit. Warum sollten es unsere Zuhörer tun, wenn wir selbst so schludern?

 ## Übung: Innenecho

*Mit dieser Übung schulen Sie Ihre rednerischen Fähigkeiten sowie Ihr Konzentrationsvermögen.*
*Hören Sie sich selbst beim Reden zu. Stellen Sie sich vor, wie Ihre Worte im Inneren Ihres Körpers nachklingen, nur den Bruchteil einer Sekunde zeitversetzt, wie das Echo von einer nahe gelegenen Felswand. Lauschen Sie während des Sprechens aufmerksam auf dieses Echo.*

- **1. Schritt**
  Üben Sie für sich allein einige Male täglich einige Minuten.

- **2. Schritt**
  Heften Sie eine Erinnerungsnotiz an Ihr Telefon und nutzen Sie Telefonate als Übungseinheiten.

- **3. Schritt**
  Üben Sie auch im persönlichen Gespräch. Zu Beginn werden Sie für das Lauschen auf Ihr Innenecho viel Aufmerksamkeit brauchen. Bald wird es Ihnen so vertraut sein, dass Sie sich trotzdem allen Aspekten des Gesprächs voll widmen können, vor allem auch Ihrem Gegenüber.

## Übung: Herzlauschen

*Mit dieser Übung vertiefen Sie Ihre Fähigkeit, aufmerksam zuzuhören und schulen Ihr Gespür für Stimmungen und Zwischentöne.*

Stellen Sie sich vor, Ihr Herz hätte Ohren. Im Gespräch hören Sie nicht nur mit Ihren normalen Ohren zu. Öffnen Sie auch Ihre »Herzohren« weit, und erlauben Sie sich mehr, als nur zuzuhören: Lauschen Sie! Lassen Sie die Worte Ihres Gegenübers in Ihr Herz, horchen Sie aufmerksam, und nehmen Sie so viel wie möglich von der Botschaft wahr, die bei Ihnen ankommt: die Worte selbst und das, was zwischen den Worten mitschwingt.

**Mit der dreifachen Achtsamkeit – Selbstwahrnehmung, Wahrnehmung der anderen und Wahrnehmen dessen, was gesagt wird – schulen Sie Ihre Präsenz und gewinnen damit automatisch mehr Charisma.**
Ihr konsequentes Training wird Sie reich belohnen. Sie können sich besser konzentrieren und entwickeln sich zu einer selbstbewussten Rednerin, der man gern zuhört und die überzeugt. Private und geschäftliche Beziehungen gestalten sich positiv, weil Sie sich und andere besser wahrnehmen. Kurzum: Sie führen das königliche Dasein, das Ihnen gebührt.

*Wenn Sie präsent sind, machen Sie es Ihren Zuhörern leicht. Wenn es Ihre Zuhörer leicht haben, hören sie Ihnen gerne zu.*

# Lernen Sie Ihre
# **Schokoladenseiten**
# kennen

## So richten Sie sich in Ihrem Schloss ein.

SIE HABEN SICH NUN BEREITS an den flauschigen, weichen roten Teppich unter Ihren Füßen gewöhnt. Dieses schöne Gefühl haben Sie sich auch rechtschaffen verdient – schließlich haben Sie etwas riskiert und einige Ihrer alten, lieb gewordenen Gewohnheiten mit neuen Verhaltensweisen aufgepeppt. **Sie haben Ihren Handlungsspielraum erweitert und Ihr Licht unterm Scheffel hervorgezogen.** Kurz: Sie sind in Ihr eigenes Schloss eingezogen. Vielleicht fühlen Sie sich dort noch ein wenig fremd, vielleicht haben Sie aber auch den Eindruck, endlich nach Hause gekommen zu sein. In jedem Fall gibt es noch viel zu entdecken. Zum Beispiel den Thronsaal! Wozu Sie den brauchen? »Nur was man sich selbst ist, kann man auch anderen sein.« Henriette Feuerbach, die literarisch und musikalisch versierte Stiefmutter des Malers Anselm Feuerbach, wusste, worauf es ankommt. Machen Sie sich also in diesem Kapitel Ihre Einzigartigkeit bewusst und erweitern Sie damit gleichzeitig Ihr Selbstbild – und Ihr Wohlgefühl im Leben.

# Die Krönung

Sie sind einzigartig. Ist Ihnen das bewusst? Wirklich bewusst? Unter sechs Milliarden Menschen gibt es keinen, der Ihnen absolut gleicht. Niemand hat genau Ihre Augen. Bei keinem bilden die zarten Äderchen unter der Haut dasselbe Muster wie bei Ihnen. Die spezielle Kombination Ihrer Fähigkeiten, Ihrer Träume, Ihrer Vorlieben, die Art, wie Sie lieben und lachen, wie Sie sich bewegen, was Sie denken und wie Sie empfinden, Ihr Humor – das alles sind Sie und nur Sie: einzigartig. Durch die Jahrtausende waren unzählige Generationen notwendig, um genau Sie hervorzubringen. Sie bilden die Spitze der Evolution. Machen Sie sich diese Würde bewusst. Ich bin einzigartig! Und dann schreiten Sie mit der Übung rechts zu Ihrer Krönung. Zu Ihrer Krönungszeremonie gehört auch der Vasallen-Eid. Hierbei handelt es sich um ein Treue- und Beistandsversprechen. Dieses Versprechen leisten Sie sich selbst: »Ab heute bin ich mir treu. Ab heute behandle ich mich selbst nicht mehr als eine unter ferner liefen. Ich bin eine Königin.«

## Warum Sie sich wichtig nehmen sollten

Sie sind der Mittelpunkt Ihres Königreichs. Deshalb achten Sie gut auf Ihre Bedürfnisse, denn Sie sind wichtig und haben Priorität! **Sie passen auf, dass Sie nicht zu kurz kommen und dass Sie alles erhalten, was Sie brauchen. Es kann sein, dass Sie dafür manch einem Ihrer Mitmenschen auf die Finger klopfen und auch gelegentlich ein Nein verlauten lassen müssen.** Man wird Sie nur umso mehr ehren und schätzen. Menschen, die sich selbst treu sind, denen ist man auch gerne treu. Man fühlt sich wohl bei ihnen. Sicher und geborgen, gut beschützt, wie von einer souveränen Königin. Zu Recht wohnen Sie in Ihrem Palast!

# Übung: Ihre Krönungszeremonie

*Mit dieser Übung vollenden Sie, was Sie mit der Übung »Baumstark« begonnen haben, und gewinnen die Haltung und Ausstrahlung einer Königin.*

- **1. Schritt**
  Stellen Sie sich aufrecht hin. Lassen Sie den Baum in sich emporwachsen.
- **2. Schritt**
  Setzen Sie sich in Gedanken Ihre Königinnenkrone auf. Das Gold glänzt, die Juwelen strahlen und funkeln.
- **3. Schritt**
  Legen Sie nun Ihren Königsmantel um. Purpurrot und hermelingesäumt endet er in einer Schleppe.
- **4. Schritt**
  Gehen Sie ein paar Schritte: Bewegen Sie sich würdevoll, schreiten Sie.
- **5. Schritt**
  Erweitern Sie Ihren königlichen Bewegungsradius: Setzen Sie sich an den Schreibtisch, aufs Sofa. Wandeln Sie durch alle Räume, Treppen hinauf und hinab. Genießen Sie Ihre Robe, tragen Sie die Krone mit Würde.
- **6. Schritt**
  Mischen Sie sich als Königin unters Volk. Beim Spaziergang, beim Einkaufen oder am Arbeitsplatz: Alles, was Sie tun, können Sie auch königlich tun. Experimentieren Sie damit. Spielen Sie.
- **7. Schritt**
  Sprechen Sie mit jemandem über Ihre Erfahrungen mit dieser Übung oder schreiben Sie Ihre Gedanken auf, und legen Sie die Notizen zu Ihren Charisma-Schätzen.

## Schmücken Sie sich mit Ihren eigenen Federn

In den ersten beiden Kapiteln dieses Buches haben Sie den Palast Ihres Potenzials erobert und sich mittlerweile in einigen Ihrer neu entdeckten Räumlichkeiten ausgebreitet. Sie haben sich auch Gedanken darüber gemacht, welche Ge-

## Übung: Schätze zählen

*Mit dieser Übung machen Sie sich Ihren inneren Reichtum bewusst.*

- 1. Schritt
  Vollenden Sie die folgenden Sätze mit jeweils so vielen Antworten wie möglich:
  Ich bin einzigartig, weil …
  Ich bin großartig, weil …
  Ich bin stolz auf mich, weil …
  Ich kann gut …
  Ich mag an mir, dass …
  Andere schätzen an mir, dass …
- 2. Schritt
  Wenn Sie es nicht bereits getan haben: Schreiben Sie alles auf, was Ihnen eingefallen ist. Sollten Ihnen während dessen neue Ideen kommen, wunderbar! Ergänzen Sie Ihre Antworten damit.

- 3. Schritt
  Lesen Sie sich diese Liste Ihrer Reichtümer eine Woche lang täglich durch, am besten laut. Sobald Ihnen etwas Neues einfällt, schreiben Sie es dazu. Das macht Laune!
- 4. Schritt
  Legen Sie die Liste zu Ihren Charisma-Schätzen. Tragen Sie einen Termin zum Schätzezählen in Ihren Kalender ein, und zwar im Abstand von ein bis drei Monaten. Wiederholen Sie ab diesem Tag Schritt drei.

mächer Sie in Zukunft bewohnen werden, wohin Sie sich entwickeln möchten, wie Sie sein wollen, wenn Ihr Charisma voll entfaltet ist. Als gekrönte Königin ist es nun an der Zeit, gebührend zu würdigen, was Sie jetzt bereits sind. Schließlich haben Sie Ihr Leben bislang erfolgreich gemeistert – Sie müssen also über eine ganze Menge innerer Schätze verfügen. Manche Seminarteilnehmer und vor allem -teilnehmerinnen fühlen sich beim Schätzezählen so sonderbar wie beim erstmaligen Verkehrtherumverschränken der Hände. Gerade Frauen haben häufig Schwierigkeiten damit, ihre Vorzüge zu benennen. Dabei ist es völlig natürlich, sich an sich selbst zu erfreuen. Wenn Sie es zulassen, durchströmt Sie vitalisierende Energie, die sich sichtbar positiv in Ihrer Ausstrahlung spiegelt.

## Charmantes Selbstgespräch: Charisma-Flüstern

Ist Ihnen schon einmal aufgefallen, wie viele Selbstgespräche Sie täglich führen? Wahrscheinlich selten laut, dafür in Gedanken. Viele von uns kommentieren im Kopf ständig, was sie tun, getan haben und tun werden – oder was ihnen sonst begegnet: »So was Dummes, hoffentlich, hoffentlich nicht, oje, ich bin so faul/dick/gewöhnlich/schusselig, nur nicht blamieren, das schaffe ich nie, wie konnte ich nur …«. Fällt Ihnen etwas auf? **Unsere Kommentare sind meist kritisch oder negativ. Jeder einzelne dieser Gedanken kostet Energie und hängt sich wie zäher, grauer Nebel ans Gemüt.** Mit der Zeit wird es für die positiven Strahlen immer schwieriger, bis in unser Innerstes durchzudringen.

*Die Freude an Ihren inneren Schätzen bringt Sie zum Leuchten.*

 ## Gedankenkarussell

Tag für Tag produziert jeder Mensch seinen ganz persönlichen riesigen Gedankenberg, um die 60 000 Gedanken sollen es sein. Das entspricht einem sieben- bis zehnbändigen Nachschlagewerk. Täglich. Dafür müssten Sie viele Regale einplanen. Die Frage ist bloß: Wollen Sie Ihren Palast mit einer solchen Bibliothek füllen? Denn wo Quantität klotzt, kleckert die Qualität: Bei den meisten Menschen sind an den meisten Tagen 98 bis 99 Prozent der Gedanken »completely repetitive«, wie es der spirituelle Lehrer und Autor Eckhart Tolle ausdrückt – also immer wieder dasselbe alte Zeug.

Weisen Sie Ihren ständig plappernden Verstand in seine Schranken. Ersetzen Sie seine Einflüsterungen, die Ihnen Ihre Strahlkraft rauben, durch Gedanken, die Ihnen gut tun: »Wie könnte ich es doch schaffen? Bravo! Das habe ich gut gemacht! Ich bin stolz auf mich! Was gibt es hier zu lernen? An Herausforderungen wachse ich! Ich trau mir etwas zu! Auch das geht vorbei. Was kann ich jetzt tun, damit es mir/dir/der Gruppe gut geht? Wer/was ist hier interessant? Das Leben ist schön!«

Sie können sich Mut zusprechen, sich trösten, loben, innerlich aufmunternd zulächeln, an etwas denken, was Ihnen Freude bereitet. **Gewöhnen Sie sich einen inneren Dialog an, der Sie erfreut und motiviert. So werden Sie zur Charisma-Flüsterin, denn solche Gedanken bauen Sie auf und stärken Ihre Ausstrahlung.** Damit verschließen Sie zudem Tür und Tor vor den Sorgenpaketen, die ihre Ladung mit Vorliebe in kleine Fältchen kippen. Negative Gedanken sind wie ein Karussell, das sich pausenlos dreht.

Sie allein kennen den Schalter, Ihr Karussell zu stoppen und auszusteigen! Und wenn Sie einmal ganz genau hinschauen, entdecken Sie den roten Teppich, der am Ausstieg bereits auf Sie wartet.

Noch erholsamer ist es, hin und wieder rein gar nichts zu denken. Vemu Mukunda, Atomphysiker, Musiker und Begründer der Nada-Brahma-Tontherapie, lehrte seine Studenten: **Nur zwei Minuten nicht zu denken, schenkt Energie für 24 Stunden.** Sie können sich leicht ausrechnen, dass es sich bereits lohnt, den Verstand zehn Sekunden lang ruhig zu halten. Manchmal geschieht das von selbst, etwa wenn wir ganz in einer Tätigkeit aufgehen. Sie brauchen sich nicht damit zufrieden zu geben, dass solche Momente hin und wieder zufällig passieren. Sie können sie auch aktiv herbeiführen.

# Mut zur Begeisterung

Stellen Sie sich vor, Sie würden einen Vortrag über ein Thema besuchen, das Sie brennend interessiert. Zwei Referentinnen teilen sich die Redezeit, jede ist eine ausgewiesene Expertin auf diesem Gebiet. Beide bieten spannende Fakten und allerlei für Sie Neues. Referentin A, Frau Poker, spricht sachlich kühl, ihre Mimik ist gleichbleibend neutral, die Stimme ebenfalls. Referentin B, Frau Feuer, präsentiert ihre Inhalte mit Leidenschaft und sichtlichem Engagement. Ihr lebendiges Mienenspiel wird unterstrichen von entschiedenen, oft großräumigen Gesten, sie spricht mit ausdrucksvoller Stimme und nimmt sich die Zeit für Pausen, damit das Gesprochene wirken kann. Wem würden Sie mehr Charisma zusprechen, Frau Poker oder Frau Feuer?

*Nur wenn Sie wissen, was Sie denken, können Sie denken, was Sie wollen.*

Sollten Sie sich für Frau Poker entscheiden, gehören Sie vermutlich zu den Menschen, die allgemein gerne den Ball flach halten und nicht zu Ausschmückungen neigen.

Nur nicht zu viel Drumherum, das ist doch nur Getue. Sie legen eine klare Haltung an den Tag, und niemand wird Ihnen so leicht ein X für ein U vormachen.

## Übung: Gedankenlos

*Mit dieser Übung trainieren Sie, den ständig plappernden Verstand anzuhalten und die Wohltat innerer Ruhe zu genießen. Setzen Sie sich aufrecht hin. Schließen Sie die Augen und praktizieren Sie ein bis fünf Minuten lang eine der folgenden Übungsvarianten.*

- 1. Variante
  Lauschen Sie auf jedes Geräusch, das Sie wahrnehmen können. Wenn ein Gedanke Sie ablenken sollte, bringen Sie Ihre Aufmerksamkeit sanft zum Lauschen zurück.
- 2. Variante
  Richten Sie alle Aufmerksamkeit auf Ihren Körper: Beob-

achten Sie Atmung und Körpergewicht, spüren Sie Wärme, Pulsieren, Spannungen auf und lassen Sie los, …

- 3. Variante
  Beobachten Sie sich beim Denken. Nehmen Sie hellwach jeden Gedanken wahr, der in Ihnen auftaucht. Sie werden merken, dass mit der Zeit kleine Lücken zwischen den Gedanken entstehen – Inseln wohltuender Leere.
- Tipp:
  Integrieren Sie diese kleine Übung in Ihre Tagesroutine, und planen Sie einen festen Zeitpunkt dafür ein, zum Beispiel vor dem Abendessen.

Wenn es um das Thema Charisma geht, haben Sie jedoch bessere Karten mit einem lebendigeren Ausdrucksrepertoire. Und das liegt daran, dass wir uns einen Inhalt gern in einer wohlgefälligen Form schmackhaft machen lassen – und so auch besser merken können. **Man muss diesen Geschmack nicht mögen – und kann ihn trotzdem einsetzen, um seine Zuhörer und Zuseher besser zu erreichen, vielleicht sogar mitzureißen.** Darin zeigt sich der Profi, der seine Botschaft gut rüberbringen möchte. Keine Sorge: Auch in Ihrem Persönlichkeitspalast gibt es das ein oder andere Ausdruckszimmer zu entdecken, in dem Sie sich nach kurzer Eingewöhnungszeit garantiert wohl fühlen werden.

## Eindrucksvoller Ausdruck

Nicht zufällig nannte Ronald E. Riggio den ersten Punkt, die erste Voraussetzung für den Charisma-Quotienten »emotionale Ausdruckskraft«. Nur, was Sie ausdrücken, also von Ihrem Inneren nach außen bringen, kann andere beeindrucken. Ohne zu beeindrucken, gibt es keine Überzeugungskraft – und auch kein Charisma. Auf den ersten Blick mag das oberflächlich wirken. Aber »beeindruckend« bedeutet gleichzeitig »wirkungsvoll«. Wenn Sie etwas bewirken wollen, müssen Sie also in irgendeiner Form beeindrucken.

Ihr Ausdruck macht doppelt Eindruck: Erstens umgibt der Glanz, den Ihre Persönlichkeit ausstrahlt, auch Ihre Botschaft. Zweitens färbt die Brillanz dessen, was Sie zu sagen haben, auch auf Sie als Mensch ab. Leichter machen Sie es sich mit der ersten Variante, denn diese weckt Emotionen. Die zweite Variante spricht den Verstand an. Charisma reißt mit – und wenn Sie Verstand und Gefühl sinnbildlich auf zwei Stühle setzen könnten – wen würde es wohl zuerst vom Hocker reißen? Klar, das Gefühl. In der Breitenwirkung wird immer

## Ausdruckskraft toppt Inhalt.

die ausdrucksvolle Persönlichkeit die Nase vorn haben.

Das gilt nicht nur bei Vorträgen, sondern ebenso im Meeting, während der Schulversammlung oder bei der Familienkonferenz, in der über das nächste Urlaubsziel abgestimmt werden soll. Idealerweise ergänzen sich beide Varianten zu einer golden glänzenden Mitte, die charismatische Menschen leicht wie ein Feuerzeug anzuknipsen scheinen:

- der sachliche Gehalt – Sie haben etwas zu sagen und
- der emotionale Gehalt – Sie sagen es eindrücklich.

Warum fällt es uns oft so schwer, mit Feuer und Leidenschaft zu sprechen? Warum ziehen wir uns lieber auf das nüchterne Terrain sachlicher Ausdruckslosigkeit zurück? Weil es sicher ist. Zumindest scheint es so. Hier kommen unter anderem wieder unsere frühen Prä-gungen ins Spiel: »Sei nicht so laut. Zappel nicht herum. Halt den Mund.« Falls Ihnen entsprechende Altlasten bewusst werden sollten, schauen Sie sich noch einmal den Abschnitt »Auf welcher Frequenz funken Sie?« an, insbesondere die Übung »Schluss mit den Piratensendern«.

## Fallen Sie ruhig einmal aus dem Rahmen

Wer sich ausdrückt, wird sichtbar und fällt damit aus dem gewohnten Rahmen. So lange wir uns in der Herde sicherer fühlen – »bloß nicht auffallen, bloß nicht rausfallen!« –, macht uns das Angst. Doch das gehört nun der Vergangenheit an. Sie haben Palastluft geschnuppert und spüren es mit jeder Faser Ihres Seins: Je weniger Begrenzung, desto mehr Freude, Glück und Erfolg lassen Sie in Ihr Leben.

## Sieben Powerpoints für starke Ausdruckskraft

1. Spielen Sie! In der Familie, mit Freunden. Alle Spiele, bei denen Sie aus sich herausgehen müssen, sind als Ausdruckstraining geeignet.
2. Spielen Sie Szenen aus Ihren Lieblingsfilmen nach, alleine, vor dem Spiegel, mit Ihrer besten Freundin.
3. Tragen Sie lustige Gedichte und dramatische Balladen ausdrucksvoll vor, allein, vor dem Spiegel, in Gesellschaft. Übertreiben Sie ruhig, denn es geht ums Üben und auch darum, Grenzen zu erweitern, nicht um einen künstlerisch vollendeten Vortrag.
4. Beim Lesen eines Buches sprechen Sie die ersten zwei, drei Seiten jeweils laut mit. Sprechen Sie engagiert, machen Sie Wirkungspausen, experimentieren Sie mit Lautstärke und Tempo.
5. Besuchen Sie eine Lachyoga-Gruppe.
6. Treten Sie einer Amateur-Theatergruppe bei.
7. Leisten Sie sich ein Seminar oder einige Einzelstunden mit professionellem Ausdruckstraining.

Wählen Sie aus, was Ihnen gefällt. Sie gewinnen mit jedem einzelnen Punkt.

Trauen Sie sich also, begeistert zu sein, denn das Feuer, das in Ihnen glüht, strahlt mächtig nach außen. Außerdem: Wie wollen Sie andere für Ihre Sache erwärmen, wenn Sie selbst nicht dafür brennen? Kate Winslet hat sich ebenfalls entschieden, lieber enthusiastisch als cool zu sein. Als sie hörte, dass David Cameron plante, den Untergang der Titanic zu verfilmen, rief sie sofort den Besetzungschef an. Der war, wie Winslet in einem Interview erzählte, nicht besonders geneigt, sie einzuladen. Gesucht würde ein anderer Typ. Aber Kate Winslet war von der Titanic-Geschichte begeistert und brannte für diese Rolle. Also blieb sie hartnäckig und pochte darauf, zum Casting zu kommen: »Wenn Sie mich nicht einladen, werden Sie es bereuen!« Der Rest ist Filmgeschichte. **Wofür auch immer Sie sich engagieren, vertreten Sie es mit Herzblut. Das muss nicht heißen, herumzuflattern und ständig neue Ideen anzupreisen. Begeisterung beginnt im Inneren und kann durchaus still sein.** Auch ein Vulkan spuckt nicht ständig Feuer. Begeisterung entsteht aus dem echten Interesse an einer Sache. Wenn Sie sich in Ihr Thema vertiefen und merken, dass Sie immer mehr darüber wissen und lernen möchten, dann nähren Sie damit die Begeis-

terung in Ihrem Inneren, die von Tag zu Tag wächst. Und wenn der richtige Zeitpunkt kommt, die Welt von Ihren Ideen zu überzeugen – Ihre Chefin, die Wähler, Ihre Familie –, dann tun Sie es mutig, ausdrucksstark und wirkungsvoll. Sie haben Ihre Begeisterung wachsen lassen. Sie haben ihr Raum gegeben: zuerst in Ihrem Inneren und nun im Äußeren. Mit Begeisterung lassen sich sogar rednerische Mängel ausgleichen – der Funke kann trotzdem überspringen. Aber Sie haben es natürlich leichter, wenn Sie das Redehandwerk zusätzlich beherrschen. Wenn alles stimmt, sind auch Ihre Zuhörer glücklich. Glückliche Zuhörer sind wesentlich leichter zu überzeugen und für Ihre Sache zu begeistern!

Lassen Sie sich aber nicht einschüchtern, wenn Gegenwind aufkommt. Begrüßen Sie solche Brisen vielmehr, denn sie beweisen Ihnen,

*Nur wer sichtbar ist, kann Charisma entfalten.*

dass Sie wahrgenommen werden. Nur wer sichtbar ist, kann auf Widerstand stoßen! Freuen Sie sich am Gegenwind, der Ihnen zeigt, dass Sie sich verändern und entwickeln. Wieder ein Grund zum Feiern! Baumstark und frisch gekrönt wie Sie nun sind, kann niemand Sie von Ihrem Weg abbringen.

## Mut zum Profil

Wer sich daran orientiert, was andere denken und von ihm erwarten, macht es sich selber unnötig schwer, wie diese alte Geschichte aus dem Orient zeigt:
Vor langer Zeit lebte einmal eine Frau, die ihren Sohn sehr liebte. Aber sie sorgte sich um ihn, weil er es immer allen recht machen wollte. Eines Tages begaben sich Mutter und Sohn auf den Weg zu einem Markt in ein entferntes

Städtchen. Die Frau setzte sich auf ihren Esel, der Junge lief nebenher. Bald begegneten ihnen zwei Frauen. »Sieh dir diese herzlose Mutter an«, sagte die eine, »sitzt breit auf ihrem Esel und lässt den armen Jungen laufen.«
Die Mutter stieg ab, ging zu Fuß weiter und ließ ihren Sohn reiten. Da begegneten sie einer Gruppe von Männern. »Du Faulpelz«, rief einer dem Sohn zu, »machst es dir bequem und kümmerst dich nicht um die Strapazen, die deine Mutter erdulden muss!«
Nun gingen beide zu Fuß neben dem Tier. Bald hörten sie jemanden in der Nähe lachen: »Seht euch die zwei Idioten an, haben einen Esel und gehen zu Fuß.«
Kurzerhand setzte sich die Mutter mitsamt ihrem Sohn auf den Esel. Als sie an einer Gruppe von Kindern vorbei ritten, hörten sie es tuscheln: »Was sind denn das für

## Die fünf inneren Antreiber

Ein Modell aus der Transaktionsanalyse zeigt, dass Eltern-Gebote für Kinder oft einen Absolutheitscharakter haben. Unbewusst können sie uns auch noch als Erwachsene steuern – nicht immer zu unserem Wohl:

- Sei perfekt!
- Sei schnell!
- Mach es allen recht!
- Streng Dich an!
- Sei stark!

Richtig eingesetzt sind diese Antreiber hilfreich, aber sie tendieren dazu, sich zu verselbstständigen. Deshalb sollten sie mit »Erlaubern« ergänzt werden, wie:

- Ich bin gut genug, so wie ich bin.
- Ich darf mir Zeit nehmen.
- Ich bin (auch) wichtig.
- Es darf auch leicht gehen.
- Ich darf um Hilfe bitten.

Tierquäler, hocken zu zweit auf dem armen Esel!«

Die beiden stiegen ab, und dann trugen sie den Esel und zogen unter Gespött in die Stadt ein.

Der Junge verstand die Lehre und erkannte, dass er es niemals allen Menschen Recht machen konnte. Er musste selbst herausfinden, was er wollte, und das tun, was er für richtig hielt. Egal, was andere davon halten mochten.

Sollte es auch Ihnen manchmal schwer fallen, Nein zu sagen, einen unpopulären Standpunkt zu vertreten oder etwas für sich selbst in Anspruch zu nehmen, brauchen Sie deshalb noch keinen Esel durch die Fußgängerzone zu tragen. Es reicht, an diese Geschichte zu denken. Und dann wenden Sie sich wieder der Entfaltung Ihres Charismas zu – und vertreten Ihre Meinung oder treten für sich ein.

## So sind Sie:
## mal so, mal anders

Jede menschliche Eigenschaft ist polar angelegt. An einem Ende der Skala findet sich zum Beispiel »stets zurückhaltend sein«, am anderen Ende »sich stets in den Mittelpunkt spielen«. An einem Pol achtet jemand nur auf die Wünsche anderer, am anderen Pol nimmt jemand nur die eigenen Wünsche wichtig. Zwischen den Polen befinden sich unendlich viele Abstufungen. Ein junger Mensch ist in seiner Einschätzung der Welt häufig radikal: entweder – oder. Doch es gibt eben nicht nur Schwarz oder Weiß, sondern auch viele, viele Graustufen. Je älter wir werden, desto leichter fällt es uns, diese Nuancen zu erkennen. Und wir haben gelernt, sie zu schätzen, weil sie unser Leben bereichern. Ja, manchmal machen gerade die Grauabstufungen das Leben bunt! Je nach Situation und persönlicher Verfassung wählen wir immer wieder aufs Neue, welcher Nuance wir uns zuwenden, wie wir uns verhalten möchten. Charismatische Menschen wissen, dass sie sich damit nicht ein für alle Mal festlegen. Heute so, morgen vielleicht ein wenig anders. Heute vielleicht eher Raum einnehmend, morgen eher zurückhaltend – Hauptsache authentisch und der Situation angemessen.
**Wer sich ausschließlich an einem Pol aufhält, sieht nicht sehr viel von der Welt. Doch wozu sich einschränken?** Was spricht gegen das Abenteuer, sich auf der Skala Schritt für Schritt dem anderen Pol zu nähern? So erweitern Sie Ihren Spielraum und erobern sich

*Je mehr Räume Sie in Ihrem Schloss bewohnen, desto selbstverständlicher werden Sie mit der Zeit auch für sich selbst einstehen.*

 ## Übung: Mein Polaritätsprofil

*Was in der einen Situation günstig ist, kann in der anderen grundverkehrt sein. Mit dieser Übung erweitern Sie Ihre Verhaltensspielräume.*

- 1. Schritt
  Nehmen Sie ein Blatt Papier, und zeichnen Sie eine Skala: eine waagrechte Linie, an deren eines Ende Sie »mich anpassen« schreiben, an das andere Ende »bestimmen und mich durchsetzen«.

- 2. Schritt
  Schätzen Sie ein, welchem dieser Pole Sie im Alltag näher sind, und markieren Sie die entsprechende Stelle auf der Skala.

- 3. Schritt
  Sind Sie mit dem Ergebnis zufrieden? Notieren Sie, was Ihnen durch den Kopf geht.

- 4. Schritt
  Überlegen Sie, was Sie tun könnten, um Ihren Spielraum ein Stück in Richtung des einen oder anderen Pols zu erweitern. Notieren Sie Ihre Ideen.

- 5. Schritt
  Erproben Sie nun diese Ideen in der Realität. Schreiben Sie dann Ihre Erfahrungen auf, oder sprechen Sie mit einem Menschen Ihres Vertrauens darüber.

- Tipp:
  Machen Sie diese Übung auch mit anderen polaren Eigenschaften, zum Beispiel: Klartext reden und diplomatisch sein; helfen und Nein sagen; tun und lassen. Das fördert die Selbsterkenntnis und hilft, Ihr Potenzial zu entfalten.

damit mehr Lebensfreude und Souveränität.

An jedem Pol lässt sich etwas lernen, was Ihr Leben bereichert:

**1** **Erster Pol: Es allen recht machen wollen:**
- sich zurücknehmen
- Bescheidenheit
- auf das Ganze achten
- Charme
- Höflichkeit und verbindliche Umgangsformen
- Rücksichtnahme

**2** **Zweiter Pol: Sich selbst immer an die erste Stelle setzen:**
- die eigenen Vorlieben und Bedürfnisse (er-)kennen
- Konfliktfähigkeit und Streitkultur
- Durchsetzungskraft
- Zielstrebigkeit
- Wettbewerbe sportlich sehen
- für sich selbst sorgen (und damit andere entlasten)

## Wie sind Sie gepolt?

Selbstbewusste Menschen nehmen die Zügel in die Hand oder lassen sich führen, je nachdem, was die Situation erfordert. Sie haben es nicht nötig, ständig ihre Wichtigkeit oder Kompetenz zu beweisen, und können sich gut in eine Gemeinschaft einfügen. Gleichzeitig zögern sie nicht, entschlossen für etwas einzutreten, was ihnen wichtig ist, auch wenn sie sich damit im Moment vielleicht keine Freunde machen. **Auf dem Weg zu einer charismatischen Persönlichkeit ist es hilfreich, sich den jeweils anderen Pol zu erarbeiten.** Dickköpfe und Streitlustige lernen Empathie und diplomatisches Geschick. Harmoniebedürftige und Bescheidene lernen, Konflikte auszuhalten und sich ins Licht zu stellen. Mit dem Wissen um Ihre Möglichkeiten wächst auch Ihr Selbstvertrauen.

*Nur wer die Wahl hat, ist wirklich frei.*

## Aufbautraining für Ihr Selbstvertrauen

Am meisten Selbstbewusstsein bauen Sie durch Handeln auf: etwas tun, etwas wagen, beharrlich an einer Sache dran bleiben. Damit Sie stolz auf sich sein können. **Selbstvertrauen nährt sich aus unseren Erfolgen, und Erfolge erringen wir, indem wir etwas unternehmen.** Couchpotatoes schauen leider in die Röhre! Aktiv werden ist das beste Konditions- und Aufbautraining für Ihr Selbstvertrauen, Ihr Selbstbewusstsein und Ihre Selbstachtung. Gibt es genügend Erfolge, die Sie als solche erkennen und bewerten, werden auch Niederlagen Ihr Selbstvertrauen nicht ins Wanken bringen.

Ein Mensch mit Selbstvertrauen ist davon überzeugt, seine Aufgaben bewältigen zu können, auch wenn sich hin und wieder Zweifel einschleichen. Einen Erfolg sieht und verbucht er auch als solchen, nicht als »na ja, Glück gehabt«. Denn der schönste Erfolg nützt nichts, wenn wir ihn nicht als solchen wahrnehmen. Darum ist es so wichtig, sich immer wieder selbst auf die Schulter zu klopfen, sich zu loben und Erfolge zu feiern. Schulen Sie Ihren Blick gerade auch für die kleinen Erfolge. Fensterputzen sei nicht der Rede wert? Und was ist mit dem Sieg über den inneren Schweinehund, die Voraussetzung dafür? Manchmal ist es allein eine Frage der Formulierung. Seien Sie erfindungsreich, wenn es darum geht, sich selbst wertzuschätzen!

Der Schweizer Pädagoge und Sozialreformer Johann Heinrich Pestalozzi erkannte: »So wie der Mensch sich selber hoch achtet, achtet er seine Natur in jedem anderen Menschen hoch. Selbstachtung ist also das wahre Mittel, die Menschen zu vereinen.«

Sie sollten nicht befürchten, als egoistisch zu gelten, wenn Sie Mut und Selbstvertrauen entwickeln und eine gute Meinung von sich haben, im Gegenteil. Damit geben

Sie anderen Menschen ein Vorbild und Ihren Liebsten einen Grund mehr, stolz auf Sie zu sein. Ein Erfolgstagebuch motiviert dazu, die Selbstachtung zu stärken.

Am besten legen Sie gleich los. Falls Sie gerade in einer schwierigen Phase stecken sollten und glauben, es gäbe keine Erfolge in Ihrem Leben, ist diese Übung Gold wert.

## Übung: Erfolgstagebuch

*Mit dieser Übung machen Sie sich Ihre Erfolge bewusst und stärken Ihr Selbstvertrauen.*

- 1. Schritt
  Legen Sie sich ein hübsches Büchlein oder Heft zu, das Sie gerne zur Hand nehmen.
- 2. Schritt
  Schreiben Sie jeden Abend mindestens drei Dinge auf, die Ihnen an diesem Tag gelungen sind.
- Hinweis: Gerade, wenn Sie nicht zufrieden mit sich sind, ist diese Übung hilfreich. Geben Sie nicht auf, bis drei Erfolge schwarz auf weiß auf dem Papier stehen. Machen

Sie sich bewusst, dass Erfolg eine Frage der Definition ist. In schwierigen Lebensphasen ist es auch ein Erfolg, morgens das Bett zu verlassen, obwohl es dort so schön warm und gemütlich war und man sich dort sehr geborgen fühlte.
- 3. Schritt
  Führen Sie Ihr Erfolgstagebuch mindestens drei Wochen, besser zwei, drei Monate oder auch länger. Legen Sie es dann zu Ihren Charisma-Schätzen, und blättern Sie immer wieder einmal darin, wenn Sie etwas Aufmunterung brauchen.

Ich selbst habe ein Erfolgstagebuch geführt, als ich keinen Job hatte, kaum Geld und Partnerschaftsprobleme. Woher sollte ich in dieser Situation drei Erfolge am Tag nehmen? Einer meiner Punkte lautete deshalb wochenlang: »Ich schreibe auch heute wieder ins Erfolgstagebuch.« Das war weniger albern, als es zunächst wirken mag: Die Disziplin, es einfach zu tun, und die Suche nach kleinsten Kleinigkeiten, die sich wenigstens als eine Art von Erfolg betrachten ließen, lenkten mit der Zeit meine Aufmerksamkeit auf das, was trotzdem funktionierte – und das war mehr, als ich auf meiner depressiven Funkfrequenz vermutet hatte. Mein Erfolgstagebuch war somit eine hilfreiche Treppenstufe auf dem Weg nach oben, raus aus der Krise. Sollten Sie zur Fraktion der Perfektionisten gehören, notieren Sie etwas, das Sie nicht perfekt gemacht haben. Finden Sie drei Gründe, warum es genau so, wie es ist, gut (genug) ist.

## Wenn Wünsche wahr werden

Erfolg, den wir auch als solchen wahrnehmen und verbuchen, lässt uns strahlen vor Freude. **Erfolg erregt Bewunderung – und vielleicht auch Neid, die dunkle Seite der Bewunderung. Erfolg macht interessant und charismatisch.** Allgemein wird vor allem das Erreichen selbst gewählter Ziele mit Erfolg gleichgesetzt. Aber was ist ein Ziel? Was unterscheidet ein Ziel von einem Wunsch? Ganz einfach: Die Verwirklichung eines Zieles liegt in Ihrer Hand: Ich will abnehmen! Ich will Saxofon spielen! Ich will Urlaub in Kenia machen. Die Erfüllung eines Wunsches dagegen liegt nicht in Ihrer Hand: Ich will im Lotto gewinnen! Ich will berühmt sein! Ich will aussehen wie Julia Roberts. Insofern ist es wesentlich klüger – und auch der Königinnenweg –, sich den Zielen zu widmen. Wünsche sind nur der erste Schritt. Jetzt ist es Zeit, zu handeln! Und deshalb wenden wir uns nun solchen Wünschen zu, die sehr wohl das Zeug zum Ziel haben – vorausgesetzt, wir stecken sie in die richtigen Klamotten.

Holen Sie Ihre Listen aus der Schatzkiste, die Sie für die Übung »Wünsch dir was« geschrieben haben. Nehmen Sie zuerst das zweite Blatt zur Hand, auf dem Sie Ihre Wünsche nach Erreichbarkeit geordnet haben. Streichen Sie alle Wünsche, die sich inzwischen erfüllt haben oder die Ihnen nun gar nicht mehr wichtig sind. Ist das nicht großartig? Sie verändern sich. Ihr Leben ist in ständiger Bewegung! Und so verändern sich Ihre Wünsche und Ziele.

Jetzt formulieren Sie aus dem ersten Wunsch, der Ihnen noch immer wichtig ist, ein Ziel.

Dazu konkretisieren Sie Ihren Wunsch mithilfe der ZIEL-Formel in der nächsten Übung. Dabei stellen Sie sicher gelegentlich auch fest, dass mancher Wunsch – etwa auszusehen wie Julia Roberts oder im Lotto zu gewinnen – nicht zum Ziel taugt. Wünsche sind unverbindlich, Ziele verbindlich. Wünsche können illusorisch sein, Ziele wurzeln auf dem Boden der Realität. Und Ziele haben ihren Preis: Das Ja zu einem wichtigen Ziel kostet viele Neins.

**Wenn Sie sich in Zukunft etwas wünschen, können Sie die Dringlichkeit Ihres Wunsches mit der ZIEL-Formel überprüfen. Da wird sich Manches als doch nicht so bedeutsam wie zuerst gedacht entpuppen.** Die dergestalt befreite Wunschenergie fördert Ihre Gelassenheit und schenkt Ihnen Kraft für das, was Ihnen wirklich wichtig ist.

*Wünsche sind Wegweiser. Losgehen heißt, einen Wunsch in ein Ziel zu verwandeln.*

 ## Übung: So verwandeln Sie Wünsche in Ziele

*Mit dieser Übung testen Sie, ob ein Wunsch zu einem Ziel taugt. Sobald das Ziel klar ist, können Sie sich auf den Weg machen, es zu erreichen.*

**Die ZIEL-Formel**

Z = Zeit
I = Ikone
E = Exakt/Erreichbar
L = Lächeln

- **Zeit**
  Bis wann wollen Sie Ihr Ziel erreicht haben? (»Am 17. Oktober werde ich den Antrag abgeben.«)
  Wie lange wollen Sie etwas durchhalten? (»Ab Samstag führe ich drei Wochen lang ein Erfolgstagebuch.«)
- **Ikone**
  Machen Sie sich ein »Andachtsbild«, zum Beispiel eine Collage, damit Ihr Ziel

sichtbar wird. Stellen Sie sich in Gedanken lebhaft vor, wie Sie es erreichen.

- **Exakt**
  Was genau? Wie viel genau? Wie oft genau?
  Zum Beispiel »Ich will mutiger werden!« Was heißt das genau? An welchen konkreten Verhaltensweisen werden Sie ablesen können, dass Sie mutiger geworden sind? Was werden Sie dann tatsächlich anders machen? Formulieren Sie das als Ziel.
- **Erreichbar**
  Die Latte zu hoch zu legen, ist ein beliebtes Mittel, sich am Absprung zu hindern. Schrauben Sie also gegebenenfalls Ihre Ansprüche herunter. Das Ziel muss zudem in Ihrem Einflussbereich liegen. Weltfrieden? Das funk-

tioniert so nicht. Stattdessen: »In diesem Jahr besuche ich einen Kurs in gewaltfreier Kommunikation« oder »Ich versöhne mich mit Hilde« oder »Ich trete Amnesty International bei«. Oder ein Beitrag zum Frieden mit sich selbst: »Bis 15. Mai habe ich den Keller aufgeräumt.«

**Lächeln**

Inspiriert Sie Ihr Ziel? Zaubert es Ihnen ein Lächeln ins Gesicht? Lieben Sie es? Ist es Ihnen wirklich wichtig? Wenn nicht, verändern Sie es, formulieren Sie es um, bis es Sie begeistert. Das klappt nicht? Dann vergessen Sie es! Dieses Ziel ist gar nicht Ihr ureigenes. Es ist etwas, von dem Sie denken, Sie müssten es tun. Oder es ist das Ziel von anderen.

**Tipp**

Mancher Weg ist zu lang für eine Tagesreise, manches Ziel muss in Teilziele zerlegt werden. Sie kommen trotz ZIEL-Formel nicht recht in die Gänge? Denken Sie nicht ans Fertigwerden, denken Sie ans Anfangen! Der Stoff für die Prüfung scheint uferlos? Fangen Sie jeden Tag an zu lernen, und bleiben Sie wenigstens eine Stunde bei der Stange. Sie wollen einen Roman schreiben? Fangen Sie jeden Tag an, und schreiben Sie mindestens 30 Minuten. Sie wollen sich selbstständig machen? Fangen Sie jeden Tag an, und investieren Sie eine Viertelstunde: ein Anruf, Ideen notieren, rechnen, Recherche. Fangen Sie so oft an, bis Sie am Ziel sind.

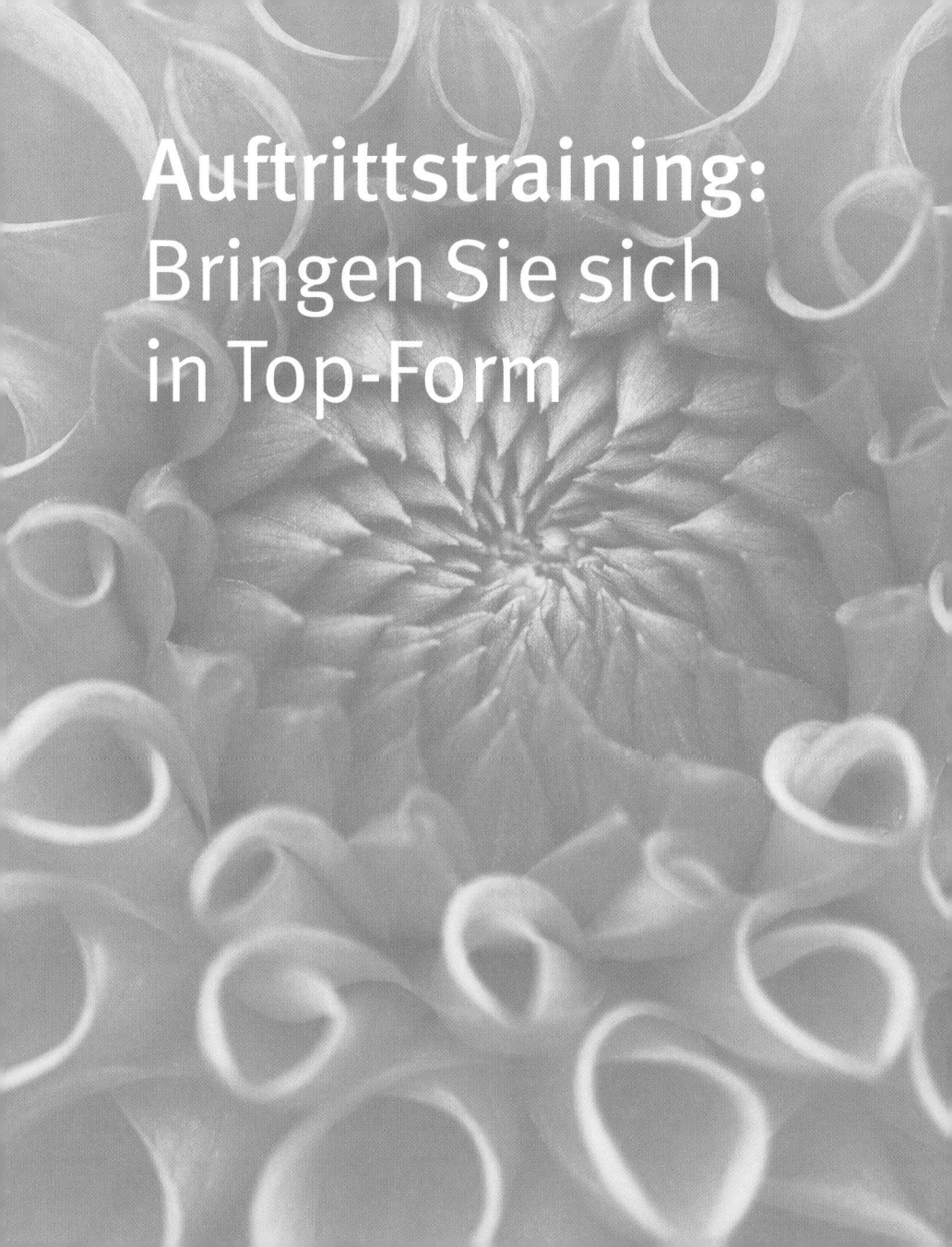

# Auftrittstraining:
## Bringen Sie sich in Top-Form

## Genießen Sie Ihren Auftritt.

OHNE VOLK KEINE KÖNIGIN, ohne Publikum keine Schauspieler. Auch Charisma benötigt Publikum, um sich voll zu entfalten. So kann der Tanz zwischen Ihnen und anderen entstehen. Es ist ein Geben und Nehmen, das beide Seiten bereichert. Das kennen wir besonders aus der Kunst. Wäre es nicht traurig, wenn eine große Pianistin aus Bescheidenheit nie auftreten würde? Ebenso traurig wäre es, wenn Sie Ihr Charisma unter den Scheffel stellen würden, weil Sie sich für unwichtig halten und damit Ihre Ausstrahlung schwächen.

Schluss mit diesem Leben auf Sparflamme! Charisma will leuchten. *Sie dürfen leuchten. Geben Sie sich die Erlaubnis dazu, und sagen Sie Ja zu allen Facetten Ihrer Persönlichkeit.* Das Rampenlicht kann Sie auch inspirieren statt verunsichern. Scheuen Sie es nicht, suchen Sie es! Solange Sie noch üben, dürfen Sie sich sogar ein wenig vordrängen ins Licht. So ein Verhalten kann in Ihrem Leben aus strategischen Gründen einmal nützlich für Sie sein.

Jetzt beginnt Ihr Auftritt! Vorhang auf! Ziehen Sie frisch und fröhlich Aufmerksamkeit auf sich. Wie das gelingt und wie Sie dabei auch noch Spaß haben, erfahren Sie in diesem Kapitel.

# Souveräne Körpersprache

Alles, was wir in den vorigen Kapiteln besprochen haben, fließt in das Thema Körpersprache ein: Angst, Mut, Präsenz, Begeisterung werden sichtbar in Ihrem Körper – für andere und natürlich auch für Sie selbst. Ebenso tückisch wie toll daran ist, dass Ihre Körpersprache auf Ihre Psyche zurückwirkt. Wenn Sie den Kopf hängen lassen, können Sie nicht besonders weit sehen. Sie fühlen sich entsprechend klein und schwach. Wer gut drauf sein will, hebt also besser den Kopf – und damit auch die Laune.

In wissenschaftlichen Versuchen fühlten sich Probanden, die ihren Rückenstrecker aktivierten – das ist ein Muskel, der entscheidend zu einer aufrechten Haltung beiträgt – deutlich besser und hielten länger durch, wenn es galt, ein Problem zu lösen. Wer Haltung bewahrt, zeigt also auch bei Herausforderungen Rückgrat.

Shaun Galagher, Philosoph an der University of Central Florida, ist überzeugt: »Die Gestalt unseres Körpers determiniert die Erfahrungen, die wir mit ihm überhaupt machen können. Wenn Sie einen anderen Körper hätten, würden Sie die Welt auch ganz anders wahrnehmen.« Eingefallen oder aufrecht, steif oder locker – damit erleben Sie die Welt jeweils anders. Deshalb gehören Ihr starker innerer Baum (Seite 55) und Ihre imaginäre Krone (Seite 73) zu Ihren mächtigsten Werkzeugen. Damit erscheinen Sie nicht nur nach außen aufrecht und selbstbewusst. Ihre königliche Haltung wirkt auch nach innen und signalisiert Ihrem Unterbewusstsein, dass Sie Menschen und Situationen mutig und gelassen begegnen können.

*Mit dem Körper richte ich auch die Seele auf.*

## So nicht! 13 Signale, die Sie klein machen

| | | | |
|---|---|---|---|
| 1 | Eingefallener Brustkorb, runder Rücken | 7 | Blick auf den Boden oder an die Decke heften |
| 2 | Hochgezogene Schultern | 8 | Hektische Bewegungen |
| 3 | Den Kopf hängen lassen | 9 | Unbestimmte kleine Gesten |
| 4 | Das Kinn hochrecken | 10 | Festgefrorenes Dauerlächeln |
| 5 | Sich schmal machen: Arme eng an den Körper pressen, sich in die äußerste Ecke der Sitzbank drücken | 11 | Kopf beim Sprechen schräg neigen |
| | | 12 | An den Haaren oder an der Kleidung herumzupfen |
| 6 | Ein unstet umherhuschender Blick | 13 | Beim Reden die Hand vor dem Mund oder im Gesicht |

## Hauptsache Haupt

Denken Sie an Kate Winslet. Denken Sie an die Queen. Wackeln die mit dem Kopf? Nein! Sie betonen das, was sie sagen, auch keineswegs mit heftigem Nicken. Das hat seinen guten Grund, denn nur mit einem ruhigen Haupt wird man zum Oberhaupt. Wenn Sie souverän auftreten wollen, müssen Sie es machen wie eine mächtige Königin: Verleihen Sie niemals Ihren Worten Nachdruck, indem Sie sie mit heftigem Kopfnicken unterstreichen! Zum Unterstreichen und Hervorheben Ihrer Aussage sind Ihre Hände da und natürlich Ihre Stimme. Nach einem steifen Halskorsett sollte das allerdings nicht aussehen. Sie dürfen den Kopf natürlich bewegen, sich umschauen – aber ruhig, nicht hektisch; fließend, nicht ruckartig; eher weniger als mehr – damit Ihre Krone nie verrutscht.

Achten Sie auch darauf, dass Sie Ihren Kopf gerade halten. Ein »geneigtes Ohr« eignet sich wunderbar zum Zuhören. **Wollen Sie sich jedoch durchsetzen und mit Autorität Ihre Position vertreten, dann sprechen Sie unbedingt aufrecht bis zum Scheitel.** Ein schräg gelegter Kopf lässt Sie weich und demütig statt stark erscheinen.

## Schau mir in die Augen!

Dass Sie in Zweiergesprächen Ihrem Gegenüber in die Augen schauen, versteht sich von selbst. Sie brauchen sie oder ihn nicht pausenlos anzustarren, doch die Zeit des Blickkontakts sollte überwiegen. Darüber hinaus kommt es auf die Stetigkeit Ihres Blickes an.

 ## Übung: Die Königin spricht

*Mit dieser Übung erwerben Sie sich eine königliche Kopfhaltung.*

- 1. Schritt
  Stellen Sie sich vor einen Spiegel. Machen Sie sich baumgroß und baumbreit. Setzen Sie in Gedanken Ihre prunkvolle Krone auf.
- 2. Schritt
  Erzählen Sie eine spannende Geschichte, zum Beispiel ein Märchen, den Höhepunkt eines Films oder eines Romans, etwas selbst Erlebtes. Erzählen Sie so lebendig und ausdrucksvoll wie möglich.

- 3. Schritt
  Achten Sie beim Erzählen auf Ihr Haupt. Der Nacken sollte so entspannt wie möglich bleiben. Auch bei lebendigem Mienenspiel und lebhaften Gesten bleibt der Kopf insgesamt ruhig. Sie tragen schließlich eine Krone, und die soll auf keinen Fall herunterfallen!

**Wenn die Augen hin und her huschen, wirken Sie klein und unsicher oder desinteressiert.**

Die Crux daran: Diese Missgeschicke geschehen fast immer unbewusst. Schon so mancher Seminarteilnehmer war völlig überrascht, wenn er zu hören bekam, dass seine Augen unruhig hin und her wanderten. Diese Rückmeldungen kamen nicht nur von mir, sondern auch aus der Gruppe, denn »Augenspiele« sind ein so starkes Signal, dass sie kaum übersehen werden. Auch nicht von Ihren Freunden und Bekannten. Fragen Sie drei Menschen Ihres Vertrauens, wie es um die Qualität Ihres Blickkontakts bestellt ist. Sollten Ihnen die Rückmeldungen Anlass zur Veränderung geben, arbeiten Sie am besten noch einmal das Kapitel »Zeigen Sie sich« (Seite 38) durch. Zuhörer lieben es, persönlich angesprochen zu werden. Wenn Sie vor einer Gruppe reden, sollten Sie deshalb auch Blickkontakt halten. Je größer die Zahl der Menschen, vor denen Sie auftreten, desto schwieriger ist es, jeden Einzelnen anzuschauen, und ab einer gewissen Anzahl ist es schlichtweg unmöglich. Doch Sie können Ihren Zuhörern das Gefühl geben, gesehen zu werden, wie Sie im Kapitel »Jetzt schau ich dich an« (Seite 49) bereits gelesen haben. Falls Sie so nervös sein sollten, dass es Sie in Panik versetzt, wenn Sie vor einer großen Gruppe stehen, dürfen Sie auch tricksen: Schauen Sie einfach zwischen den Köpfen hindurch – aber unbedingt auf Augenhöhe.

## Was Sie vom Tausendfüßler für Ihre Gestik lernen können

Sie kennen bestimmt die Geschichte vom Tausendfüßler: Als er fröhlich

99

 **So gelingt der Blickkontakt**

- Sprechen Sie nicht zum Boden oder zur Decke oder über die Köpfe Ihrer Zuhörer hinweg. Disziplinieren Sie stattdessen Ihren Blick, und halten Sie ihn immer auf Augenhöhe mit Ihrem Publikum.

- Achten Sie darauf, dass Sie die »Randgruppen« mit einbeziehen. Also am Konferenztisch, im Stuhlkreis, im Parkett nicht nur diejenigen ansprechen, die vor Ihnen sitzen, sondern immer auch wieder einmal die Menschen am Rand Ihres Blickfeldes. Sonst besteht die Gefahr, dass diese sich ignoriert fühlen – und das könnten sie Ihnen unbewusst übel nehmen. Dann würden Sie nicht so gut ankommen, wie Sie ankommen könnten.

- Spielen Sie nicht Scheibenwischer! Also nicht mechanisch mit dem Kopf nach links, nach rechts, nach links, nach rechts … Statt dessen sagen Sie ein paar Sätze zu einem Menschen oder einer Gruppe, dann richten Sie Ihre Worte an eine andere Person oder Gruppe, und danach wechseln Sie wieder.

- Ist Ihr Publikum so zahlreich, dass Sie nicht jede und jeden Einzelnen anschauen können, teilen Sie die Gruppe in Ihrer Vorstellung in vier Quadranten, zu denen Sie abwechselnd sprechen. Einmal sprechen Sie zur Gruppe links vorne, dann zu den Menschen rechts hinten, dann zu denen links hinten, schließlich zu denen rechts vorne …

pfeifend an einer Schnirkelschnecke vorbeimarschiert, fragt sie ihn: »Wie machst du das bloß, dass du nicht durcheinander kommst mit deinen vielen Beinen? Ich an deiner Stelle würde ständig stolpern.« Vielleicht war die beinlose Schnirkelschnecke im Grunde ihres weichen Herzens neidisch, vielleicht fragte sie auch ganz arglos. Die Folgen für den Tausendfüßler waren jedenfalls verheerend. Was bisher ganz von selbst geschah, rückte plötzlich in sein Bewusstsein. Er dachte über seine vielen Beine nach – und nichts mehr war selbstverständlich. Er verlor seine Anmut. Von Stund an stolperte er ungeschickt durchs Leben.

Ganz ähnlich fühlen sich manche Menschen, wenn sie vor einer Gruppe sprechen sollen. »Was mache ich mit meinen Händen?«, lautet die Frage, die mir in meinen Seminaren am häufigsten gestellt wird, und auch bei den Einzeltrainings führt sie die »Problemliste« an. Dabei stellt sich im Alltag niemand die Frage, was er mit seinen Händen tun soll, wo er sie unterbringen soll, wie er sie bewegen soll. **Wir bewegen Hände und Arme ganz natürlich. Wir zerbrechen uns gar nicht den Kopf darüber, es geschieht unbewusst, sozusagen per Autopilot.** Aber wehe, wir denken darüber nach!

Kennen Sie das – wenn plötzlich zehn oder hundert oder noch mehr Augenpaare auf Sie gerichtet sind und Sie sich fragen, welchen Eindruck Sie wohl machen? Das lenkt mit einem Mal den blendend hellen Strahl des Bewusstseins auch auf Ihre Arme und Hände – und nichts fühlt sich mehr natürlich oder selbstverständlich an. Womöglich haben Sie das Gefühl, Ihre Arme

*Das Licht des Bewusstseins kann erst verstören, aber am Ende macht es Sie reicher und reifer.*

##  Übung: Bewusste Gestik

*Mit dieser Übungsfolge bekommen Ihre Gesten Ausstrahlungskraft.*

● 1. Schritt
Stellen Sie sich vor einen Spiegel. Spüren Sie Ihren inneren Baum wachsen, setzen Sie Ihre Krone auf, und lassen Sie die Arme ganz entspannt hängen.

● 2. Schritt
Erzählen Sie eine kleine Geschichte – zum Beispiel ein Märchen oder eine hübsche Anekdote – so spannend wie möglich. Legen Sie Ihre ganze Ausdruckskraft in die Stimme, und achten Sie darauf, dass Ihre Arme, die Hände und der Nacken völlig entspannt sind. Bleiben Sie dran, und üben Sie so lange und geduldig, bis es Ihnen leicht gelingt.

● 3. Schritt
Mit Schritt 1 beginnen. Dann legen Sie Ihre Hände etwa auf Taillenhöhe locker ineinander. Sprechen Sie engagiert über ein Thema – so als stünden Sie vor einer Gruppe. Wenn Sie gestikulieren wollen, tun Sie es, und dann lassen Sie Ihre Hände wieder in die Ausgangsposition zurückkehren. Üben Sie das so häufig, bis es sich vertraut und natürlich anfühlt.

● 4. Schritt
Verstärken Sie Ihre Ausdruckskraft, indem Sie
○ die Gesten verlangsamen,
○ den Bewegungsradius vergrößern oder
○ die Gesten einen Augenblick »stehen lassen«, bevor die Hände in die Ausgangsposition zurückkehren.

und Hände seien geradezu riesig, wohin bloß damit, wohin? Die Geschichte vom Tausendfüßler geht noch weiter: Er war nämlich fleißig und übte so lange, bis ihm sein vorderstes linkes Bein gehorchte. Dann kam das rechte dran. So arbeitete er sich nach und nach durch alle Beine. Zwischendurch war er verzweifelt. Denn selbst dann, als er schon die Hälfte seiner Beine mit seinem Willen dirigieren konnte, ließ ihn die andere Hälfte tollpatschig weiterstolpern. Doch er blieb konzentriert bei der Sache, bis ihm alle Beine gehorchten. Er war so glücklich, dass er in die Luft sprang – was er früher nicht konnte. Mit dem Licht des Bewusstseins brachte er sich nun Dinge bei, die noch keinem Tausendfüßler gelungen waren.

Sie müssen also nicht im ersten Schock des Bewusstwerdens erstarren. Übung macht die Meisterin! Deshalb üben, üben, üben.

## Magie der Stimme

»Mehr als die Schönheit selbst bezaubert die liebliche Stimme«, schrieb Johann Gottfried Herder schon im 18. Jahrhundert. Daran hat sich bis heute wenig geändert. **Eine angenehme Stimme trägt viel zur Ausstrahlung eines Menschen bei.** Wenn Sie krächzen oder piepsen, im Stressfall leise und monoton oder zu laut werden, dann haben Sie es viel schwerer »anzukommen« und Ihre Botschaft an den Mann oder an die Frau zu bringen. Natürlich sind Ihre Argumente wichtig. Aber mit einer angenehmen Stimme bringen Sie das, was Sie zu sagen haben, erst richtig zu Gehör und somit zur Geltung.

AUFTRITT

## Ihre Stimme ist nicht Ihr Schicksal!

Selbst eine dünne, verhauchte, schrille, scharfe, quäkende oder langweilige Stimme kann jederzeit veredelt werden. Wohlklang wurde zwar manchen Menschen als Geschenk des Himmels mitgegeben, doch weniger Beglückte können an sich arbeiten – und sehr viel erreichen. Dafür müssen Sie allerdings mindestens zwei bis drei Monate Durchhaltevermögen zeigen, wahrscheinlich sogar länger. Mit einer Trainingseinheit alle drei Wochen ist hier nichts zu gewinnen. Ihre Disziplin zahlt sich garantiert aus, denn wann immer Sie etwas für Ihre Stimme tun, arbeiten Sie auch

## Babystimme oder starke Stimme?

Wie wir Stimmen wahrnehmen, wird im frühesten Kleinkindalter geprägt. Wenn ein Baby schreit, um auf seine Bedürfnisse aufmerksam zu machen, schwingen vor allem seine Obertonfrequenzen. Da uns eine obertondominierte, hohe Sprechstimme unwillkürlich an eine Babystimme erinnert, stufen wir einen mit hoher Stimme sprechenden Menschen unbewusst als bedürftig ein, als unsicher, ängstlich – und (vor-)schnell auch als unfähig und nicht ernst zu nehmen. Eine untertondominierte, tiefe Stimme verbinden wir dagegen unbewusst mit Geborgenheit, Ruhe und Sicherheit.

Was bedeutet das für ein Gespräch oder einen Vortrag? Wenn Sie mit zu hoher Stimme sprechen, kann es Ihnen leicht passieren, dass Sie nicht ernst genommen oder ganz überhört werden und dass man Ihnen »nicht auf gleicher Höhe« begegnet, sondern wie ein Erwachsener einem Kleinkind.

## Übung: Ihre Wohlfühl-Stimme

*Mit dieser Übung entdecken Sie Ihre stimmliche Heimat.*

### Basisübung

1 Setzen Sie sich aufrecht hin, beide Füße sind am Boden, der Rücken ist aufrecht.
2 Tönen Sie locker und entspannt ein genüssliches »Hmmmm«, wiederholen Sie es zwei, drei Mal.
3 An das nächste »Hmmmm« schließen Sie unmittelbar einen Satz an, zum Beispiel: »Hmmmmmorgenstund hat Gold im Mund.«

### Aufbauübung

- 1. Schritt
Lesen Sie einen Text laut, egal ob Gedicht oder Zeitungsartikel. Beginnen Sie jeden Satz und jeden neuen Sprechabschnitt nach jedem Atmen mit »Hmmmmtext …«
- 2. Schritt
Beginnen Sie nur noch jeden Absatz mit einem hörbaren »Hmmmm …«. Achten Sie darauf, wie lang die Wirkung beim Lesen anhält, Sie merken das an der tieferen Stimme.

an Ihrer Ausstrahlung. Professionelles Feedback und zielgerichtete Hilfe kann Ihnen eine erfahrene Logopädin oder Stimmpädagogin bieten.

»Eine schwache Persönlichkeit zeigt sich durch eine schwache Stimme, ganz gleich, wie stark die Argumente auch sein mögen«, weiß der Erfolgs- und Rhetoriktrainer Nikolaus B. Enkelmann. Wenn Ihre Stimme kraftvoller tönt, werden auch Sie kraftvoller sein. Wenn Ihre Stimme harmonischer und klangvoller wird, harmonisieren Sie automatisch auch Ihre Persönlichkeit und gewinnen an Ausdrucksstärke und Selbstbewusstsein.

## Wo ist Ihre Stimme zu Hause?

Jeder Mensch hat eine gewisse Stimmlage, in der er besonders entspannt sprechen kann. Diese sogenannte Indifferenzlage, Ihre stimmliche Heimat, liegt im unteren Drittel Ihres gesamten Stimmumfanges. Das kennen Sie bestimmt: Wenn Sie entspannt sprechen, klingt Ihre Stimme tiefer als in angespanntem Zustand. Das ist wie bei einer Gitarre. Erhöhen Sie die Spannung einer Saite, klingt sie höher; wenn Sie Spannung herausnehmen, klingt sie tiefer. Bei Ihrer stimmlichen Heimat handelt es sich nicht um einen einzelnen bestimmten Ton, sondern um einen gewissen Tonumfang. Es geht nicht darum, dass Sie ständig in dieser Stimmlage sprechen – das wäre auf die Dauer monoton und langweilig. Doch Sie sollten mit

Ihrer Stimme immer wieder »nach Hause« kommen. Auf einer unbewussten Ebene entspannt das Ihre Zuhörer, die sich dann wohl fühlen und Ihnen besonders gerne lauschen. Sobald Sie in Ihrer stimmlichen Heimat auch Ihre tiefere Stimmfrequenz nutzen, werden Sie von Ihren Zuhörern unbewusst als vertrauenerweckend und kompetent eingestuft. Auf diese Weise wirkt Ihre Stimme auch auf Sie selbst entspannend und stärkend. Und natürlich merken Sie es, wenn Sie gut bei Ihren Zuhörern ankommen – und das entspannt und beflügelt Sie gleichermaßen.

## Die Kunst des Sprechens

Vor vielen Jahren habe ich einen jungen Schauspieler gesehen, der auf der Bühne großartige Präsenz ausstrahlte. Egal, was er machte: Ob er bewegungslos dastand, ein paar Schritte ging, etwas in die

Hand nahm – er fesselte die Aufmerksamkeit des Publikums. Bis, ja, bis er den Mund aufmachte und seine Stimme ertönte. Da verpufften der Zauber und die Präsenz. Und das war nicht nur traurig, sondern regelrecht enttäuschend. Wenn Sie einen faszinierenden Anblick bieten durch Ihre königliche Haltung, Ihre eleganten Bewegungen, Ihre Kleidung, Ihre leuchtenden Augen – lösen Sie dieses Versprechen ein, sobald Sie den Mund öffnen und etwas sagen.

## Bitte keine Denkgeräusche

»Er hat 350 Mal Ja gesagt, in einer Stunde!«, erzählte mir ein Teenager. Die ganze Klasse war gepeinigt davon, dass der Physiklehrer nicht nur jeden Satz mit »Ja« begann, sondern auch zwischendrin damit spickte.

So etwas kann die Zuhörer verrückt machen, genauso wie ständige »Ähs« und penetrant verwendete Floskeln wie »im Grunde« oder »oder so«, »wie auch immer«, »nichtsdestotrotz«. Das Tückische daran: Die Verbaltäterinnen und -täter merken nicht, was sie anrichten und was sie ihren Zuhörern antun. Sie hören sich selbst nicht. Diese Sprachparasiten sind Gewohnheiten, die sich verselbstständigt haben und ein Eigenleben führen, weiß der Geier, wie man diese im Grunde eigentlich überflüssigen Wendungen los wird oder so.

Wenn einem Zuhörer diese Denkgeräusche einmal aufgefallen sind, kann er sie kaum mehr überhören, und damit verlieren Sie einen beträchtlichen Teil seiner Aufmerksamkeit. Glücklich ist, wer Feedback bekommt! Aber man kann sich auch selbst auf die Schliche kommen. Also spitzen Sie Ihre Ohren, und hören Sie sich einmal ganz genau zu!

Wie kommt es eigentlich zu Ähs und Mmhs? Denkgeräusche verhindern Stille. In der Stille passiert nichts. Logisch. Und weil nichts passiert, haben wir plötzlich Zeit, zu realisieren, dass uns jemand anschaut. Welche Ängste in diesem Moment aufbrechen können, haben Sie bereits im zweiten Kapitel erfahren. Da kommt so ein Äh gerade Recht, um der Stille und dem Unbehagen, das sie auslöst, zu entkommen. Damit verschenken wir allerdings die nicht zu unterschätzende Gestaltungsmacht der Pausen – darüber sollten wir uns im Klaren sein.

## Pausen: Signale des Selbstbewusstseins

Kleine Denkpausen sind Labsal für Ihre Zuhörer. Da kann das Gehörte nachwirken, einsortiert und verdaut werden. Wenn Sie diese Signale des Selbstbewusstseins bewusst einsetzen, schenken Sie Ihren Zuhörern damit einen Augenblick der Entspannung. Dadurch können sie Luft holen, bevor sie Ihnen

## Übung: Denkgeräusche-Scan

*Mit dieser Übung entdecken und vermeiden Sie Sprechsand im Getriebe.*

Sie benötigen ein Aufnahmegerät. Nehmen Sie sich täglich dabei auf, wie Sie zwei bis fünf Minuten lang frei sprechen, aus dem Stegreif. Mögliche Themen: ein Begriff aus der Zeitung, ein Gegenstand auf Ihrem Schreibtisch, der Film, den Sie gestern gesehen haben … Zusätzlich können Sie sich beim Telefonieren aufnehmen. Hören Sie sich die Aufnahmen an, zählen und notieren Sie die Anzahl Ihrer Denkgeräusche. Und zwar nicht nur einmal, sondern täglich! Nach zwei, drei Wochen müsste das Thema erledigt sein. Falls die üble Gewohnheit wiederkommen sollte – oft in anderer Gestalt, aus »ähm« könnte »äh« werden, aus »nicht wahr« vielleicht »okay« –, wiederholen Sie den Denkgeräusche-Scan.

– erfrischt und wieder offen für Neues – weiter durch Ihre Gedankenwelten folgen.

Wer alles auf einmal loswerden möchte und seinen Zuhörern keine Möglichkeit zur Sammlung gewährt, darf sich nicht wundern, wenn überhaupt nichts bei den Empfängern hängen bleibt. Geben Sie Ihren Zuhörern die Chance, das Gesagte aufzunehmen. Verhindern Sie diesen Prozess nicht durch unkontrollierte Ähs und Mmhs oder leere Phrasen. Im Grunde genommen sind diese Gedankenparasiten nichts anderes als Störgeräusche. Wie eine laute Lüftung, Baulärm vor dem Fenster, jemand, der ständig mit dem Kugelschreiber klickt. Produzieren Sie selbst keine störende Geräuschkulisse, machen Sie stattdessen lieber Pausen. Damit beweisen Sie auch Mut und wirken entsprechend selbstbewusst. Denn wer sich traut, kleine Pausen auch tatsächlich Pausen sein zu lassen, signalisiert: »Ich habe keine Angst, dumm dazustehen. Was ich sage, ist so interessant, dass es sich lohnt, mir zuzuhören. Und ich traue Ihnen, liebe Zuhörerinnen und Zuhörer, selbstverständlich zu, dem roten Faden zu folgen. Die Brücke zwischen meinen Gedanken ist Ihre Aufmerksamkeit, daher kann ich auf Äh-Ersatzbrücken getrost verzichten.«

Sie werden sehen: Ihr Publikum wird es Ihnen danken!

## Königinnengarderobe

Nun zur Frage aller Fragen: Was ziehe ich an? Denn bevor Sie noch Piep sagen, haben Sie schon gewirkt. Nicht nur durch Ihre Körpersprache, sondern ganz entscheidend auch durch Ihre Kleidung. Stellen Sie sich vor, Sie tragen ein atemberaubendes Designerkleid. Es ist maßgeschneidert und steht Ihnen ausgezeichnet. Schuhe, Frisur, Schmuck, Make-up – alles harmonisch aufeinander abgestimmt. Wie fühlen Sie sich in diesem Out-

*Machen Sie es sich einfach, und ziehen Sie sich nicht nur mit Geschmack, sondern auch mit Köpfchen an!*

fit? Welche Haltung nehmen Sie ein? Wie stehen und wie gehen Sie? Schlüpfen Sie in Ihrer Vorstellung als nächstes in einen dunklen Business-Hosenanzug, und passen Sie auch den Rest Ihres imaginären Outfits diesem Dress an. Wie fühlen Sie sich nun? Wie bewegen Sie sich? Wie geht es Ihnen?

Zum Schluss ziehen Sie in Ihrer Vorstellung etwas sehr Gemütliches, Bequemes an. Wie fühlen Sie sich jetzt? Welche Haltung nehmen Sie ein? Bei welcher Tätigkeit sehen Sie sich?

Kleider machen etwas mit Ihnen, nicht wahr? Lange bevor Sie damit auf Ihre Umwelt einen bestimmten Eindruck machen, beeinflussen Sie sich mit Ihrer Kleidung selbst. Pumps oder Turnschuhe, figurbetont oder Schlabberlook, Jeans oder Dirndl – was Sie am Leib tragen, prägt Ihr Bild von sich, Ihr Selbst-

gefühl. Das ist die wichtigste Wirkung von Kleidung und Stil. Darüber hinaus wirkt unsere Aufmachung natürlich auch auf andere. Eine sehr selbstbewusste Frau kann auf der Rednertribüne vielleicht auch im Pyjama überzeugen – aber sie wird sich dafür sicherlich mehr Mühe geben müssen, als wenn sie die zum Anlass passende Garderobe trüge.

Schon in den ersten Sekunden einer Begegnung wird ein Mensch etikettiert und einsortiert, und natürlich hat das auch damit zu tun, welche Kleidung er trägt. Gut und teuer gekleideten Menschen wird landläufig automatisch ein hoher Status, schmuddelig gekleideten Menschen ein niedriger Status zuerkannt. Doch der erste Eindruck wird häufig überschätzt. Ein Redner, der auf den ersten Blick einen eher ungepflegten oder eigenbrötlerischen Eindruck macht, mag erst unter »Oje!« abgelegt werden. Wenn er dann aber einen brillanten, mitreißenden Vortrag hält, der die Zuhörer womöglich auch noch tief berührt, wird er sicher nicht im Kästchen »Erster Eindruck« eingesperrt bleiben.

## Die Macht der Farben

Trotzdem: Kleidung wirkt, sowohl ihr Stil als auch ihre Farben. Herta Hirt, die lange als Maskenbildnerin beim Film gearbeitet hat und schon damals wegen ihres exzellenten Farbgefühls aufgefallen ist, hat seit 1989 ein System zur individuellen Farb- und Lebensberatung entwickelt. Die Farben, die wir tragen und mit denen wir uns im Alltag umgeben, können nicht nur zur Steigerung unseres Wohlbefindens und zur Selbstheilung beitragen. Sich in den richtigen Farben zu kleiden, ist auch wichtig für eine Selbstdarstellung, die unserem innersten Wesen entspricht.

Übrigens kann es durchaus vorkommen, dass Ihnen die Farben, die Sie besonders mögen, nicht unbedingt stehen. Selbst wenn Sie Komplimente bekommen für den entzückenden cremeweißen Pulli oder das elegante nachtblaue Kleid: Es ist gut möglich, dass sich die Farbe des gelobten Kleidungsstücks vordrängt und Sie sozusagen überdeckt. Mit Fingerspitzengefühl – der Farbbeobachtungsbogen kann helfen – und Erfahrung vermeiden Sie das. Wenn Sie sich unsicher fühlen oder es genau wissen wollen, nehmen Sie eine kompetente Farbberatung in Anspruch. Und was ist, wenn Ihnen ausgerechnet Senfgelb, Orange und Königsblau nicht stehen, obwohl das Ihre Lieblingsfarben sind? Nähen Sie sich senfgelbe Sofakissen, essen Sie leuchtend orange Kürbissuppe, staffieren Sie Ihr Badezimmer mit königsblauen Handtüchern aus. Es gibt viele Möglichkeiten, Farben in Ihr Leben zu bringen – ohne sie am Leib zu tragen.

# Übung: Grün oder Blau oder...?

*Mit dieser Übung, konzipiert von Herta Hirt (wir bedanken uns für die freundliche Genehmigung), kommen Sie Ihrem persönlichen Farbempfinden auf die Spur:*

- **1. Schritt**
Legen Sie für die nächsten 14 Tage einen Farb-Beobachtungsbogen an. Teilen Sie dazu ein Blatt Papier in drei Spalten.

- **2. Schritt**
Fragen Sie sich möglichst schon morgens, gleich nach dem Aufwachen: Welche Farbe bestimmt heute meinen Tag? Der erste Gedanke zählt. Notieren Sie das Ergebnis in der ersten Spalte.

- **3. Schritt**
Notieren Sie in der zweiten Spalte ein paar Stichworte zu Ihrer Tagesstimmung. Wie fühlen Sie sich? Wie ist Ihre Laune? Wie gehen Sie in diesen Tag?

- **4. Schritt**
Überprüfen Sie mehrmals am Tag: Passen die Farben meiner Kleidung, die ich heute gewählt habe, zu meiner Stimmung? Ist das wirklich die richtige Farbe für mein Tagesgefühl? Oder muss ich die Farbe – vielleicht sogar mehrmals – wechseln, um mich wohlzufühlen? Tragen Sie das Ergebnis in die dritte Spalte ein.

- **5. Schritt**
Nach 14 Tagen überprüfen Sie: Wie oft wechseln die Farben? Hat sich eine Lieblingsfarbe herauskristallisiert? Lässt sich erkennen, welche Farbe welcher Stimmung entspricht?

## Ihr eigener Stil

Die schicksten Kleider helfen nicht, wenn man nicht hineinpasst – und das bezieht sich nicht nur auf die Kleidergröße. Wer sich in Röcken partout nicht wohl fühlt, wählt am besten auch für den Gala-Abend eine Hosenvariante. Wer konservative Geschäftskleidung aus tiefstem Herzen hasst, sollte sich vielleicht fragen, ob der Job in der Bank wirklich das Richtige ist. Denn die »Uniform« hat natürlich auch etwas mit dem Berufsbild zu tun, das sie verkörpert.

Aber Achtung: Bevor Sie etwas ganz und gar ablehnen, empfiehlt sich eine Runde Selbsterforschung. Vielleicht lassen sich ja spannende neue Facetten Ihrer Persönlichkeit hervorlocken, wenn Sie in diese oder jene Kleider schlüpfen. So mancher neue Raum in Ihrem inneren Schloss öffnet sich leichter, wenn Sie den Dresscode knacken. Probieren Sie ab und zu Ungewohntes aus, und erweitern Sie spielerisch Ihr Selbstbild.

Übrigens hat guter Stil wenig damit zu tun, wie viel Geld Sie investieren. Zugegeben, wer nicht aufs Preisschild achten muss, hat mehr Auswahl und mehr Möglichkeiten. Dafür fördern knappere Mittel die Kreativität. Denn wer sich von Hals bis Fuß in eine teure Designermarke hüllt, sieht zwar gut betucht aus und geht wahrscheinlich auch modisch auf Nummer sicher. Aber einzigartig ist ein solcher Auftritt nicht.

Wenn Sie in Stil-Fragen das Beste an sich in den Vordergrund rücken wollen, lohnt es sich, in eine wirklich gute Beratung zu investieren. Verzichten Sie dafür lieber auf den einen oder anderen Kleiderkauf.

*Mit Ihren Lebensfarben punkten Sie beim ersten Eindruck genauso wie beim zweiten und beim dritten.*

 ## Stil-Fragen

- Was waren oder sind bisher Ihre absoluten Lieblingskleidungsstücke?
- Warum? Was mögen/mochten Sie daran?
- Welche Kleidung brauchen und bevorzugen Sie für welche Lebensbereiche?
- Was gefällt Ihnen an anderen? Was an der aktuellen Mode?
- Was davon könnte Ihnen stehen? Wie könnten Sie damit Ihren bisherigen Kleidungsstil bereichern?

- Welche Stücke in Ihrem Kleiderschrank
  … mögen Sie eigentlich gar nicht?
  … passen Ihnen nicht (mehr)?
  … sind inzwischen wirklich aus der Mode?
  … sind zwar toll, aber so richtig wohl fühlen Sie sich doch nie damit?
  … wirken bei Licht betrachtet inzwischen abgetragen?
- Was hindert Sie daran, sich davon zu trennen?

Von dem haben Sie höchstens ein paar Jahre etwas. Wenn Sie aber zum Beispiel Ihre Lebensfarben kennen, wenn Sie wissen, welche Schnitte Ihre Figur am vorteilhaftesten zur Geltung bringen, dann profitieren Sie Ihr Leben lang. Bereichernd ist auch, sich mit Modegeschichte zu beschäftigen.

Gehen Sie in Ihre Bücherei und blättern Sie durch Bücher über Kunstgeschichte und Design. Lassen Sie sich von Bildbänden anregen, die exotische Kulturen zeigen. Schauen Sie sich Fotobände an. Inspiration ist an vielen Orten zu finden, wenn Sie die Augen offen halten!

# Ihr Charisma-Feld

Erinnern Sie sich an den Charisma-Scanner (Seite 14)? Mit dieser Übung konnten Sie erleben, dass jeder Mensch etwas ausstrahlt, in unterschiedlicher Stärke und unterschiedlicher Qualität. Wodurch das geschieht, weshalb jemand »strahlt« und ein anderer diese Strahlung,

## Acht Tipps für Ihre Shoppingtour

1 Was brauchen Sie? Planen Sie Ihren Einkauf.

2 Gehen Sie nur einkaufen, wenn Sie sich wohl fühlen und gut angezogen sind. Begnügen Sie sich an anderen Tagen damit, sich lediglich umzusehen.

3 Geben Sie das meiste Geld für Dinge aus, die Sie wirklich brauchen und häufig tragen werden.

4 Lassen Sie die Finger von Farben, die Ihnen nicht stehen – auch wenn sie noch so modern sind.

5 Kaufen Sie nur, was Ihnen hundertprozentig gefällt und hundertprozentig passt – und zwar jetzt passt und nicht erst nach der geplanten Diät.

6 Behandeln Sie Sonderangebote genauso. Für ein T-Shirt, das Ihnen nicht hundertprozentig passt und gefällt, sind auch zehn Euro zu viel.

7 Kaufen Sie im Zweifelsfall das hochwertigere Modell, das mehrere Wäschen übersteht, auch wenn es teurer ist. Kaufen Sie dafür lieber weniger.

8 Stellen Sie sich vor, bei welchen Gelegenheiten Sie das schöne Stück tragen werden. Wenn Ihnen nur eine einzige einfällt, lassen Sie es bleiben – außer, es handelt sich um Ihr Brautkleid.

die Funkfrequenz, »empfängt«, ist für das Bewusstsein nur sehr begrenzt erfassbar. Aber das Unterbewusstsein ist hoch aktiv, wenn uns jemand begegnet. Das konnte Karl Grammer, Leiter des Ludwig-Boltzmann-Instituts für Stadtethologie in Wien, inzwischen sogar nachweisen. Er hat eine »Charisma-Kamera« entwickelt. Das Gerät misst die Bewegungsenergie beim Tanzen. Obwohl eine Aufnahme nur 30 Sekunden dauert, lassen sich daraus zuverlässig Rückschlüsse auf die Persönlichkeit und Stimmung des Tanzenden ziehen. Nach einer halben Minute!

Wir senden alle ständig Signale aus, die wir nicht bewusst kontrollieren können. Deshalb ist Stimmungshygiene so wichtig. Denn je lichter Ihre Gedanken und Gefühle sind, desto leuchtender und anziehender ist Ihre Ausstrahlung, Ihr persönliches Charisma-Feld.

## Sorgen Sie selbst für Ihre gute Laune

Der ärgert mich! Die kränkt mich! Es ist verführerisch, so zu denken, aber damit legen Sie Ihre Laune in fremde Hand. Nein, Sie müssen kein Dauerlächeln aufsetzen. Ja, Sie dürfen auch traurig sein oder sich beschweren, wenn Ihnen etwas nicht passt. Dazu sollten Sie sich allerdings nur an den Menschen wenden, in dessen Macht es steht, das, worüber Sie sich beklagen, zu verändern. Sonst sind Beschwerden vergeblich und machen nur Jammerfalten. Empfindungstiefe und Heiterkeit schließen sich nicht aus. Wobei auch hier gilt: Zum Üben dürfen Sie ruhig ein wenig übertreiben. Es schadet also gar nicht, wenn Sie den Tag mit einem entschiedenen Lächeln beginnen. Und selbstverständlich ist das Glas halb voll, nicht halb leer!

*Ein helles Gemüt wirkt anziehend.*

## Übung: Der Frohsinnswalzer

*Mit dieser Übung stimmen Sie sich positiv und hellen Ihr Charisma-Feld auf.*

• 1. Schritt
Der folgende »Zaubersatz« ist Teil von MET nach Franke® (Meridian-Energie-Techniken). Lesen Sie ihn so oft laut, bis Sie ihn auswendig können:
»Ich liebe und glaube, vertraue, bin dankbar und mutig.«

• 2. Schritt
Klopfen Sie mit einer Hand locker auf Ihr Brustbein. Darunter liegt die Thymusdrüse, deren Stimulation energetisierend und belebend wirkt. Klopfen Sie im Dreivierteltakt und sprechen Sie dazu im Rhythmus wieder den Zaubersatz: »Ich **lie**be und

**glau**be, vertr**au**e, bin **dank**bar und **mu**tig.«
Sollte das mit dem Dreivierteltakt nicht gleich klappen, klopfen Sie einfach in Ihrem eigenen Rhythmus.

• 3. Schritt
Bauen Sie den Frohsinnswalzer in Ihre tägliche Routine ein, so wie das Zähneputzen. Sprechen Sie den Zaubersatz sieben Mal oder öfter, wenn es Ihnen Spaß macht. Singen ist übrigens auch erlaubt!

Mit der Zeit sinkt die Botschaft des Frohsinnswalzers in die Tiefe, ins Unterbewusste. Damit wird Ihr Charisma-Feld gestärkt, und hellt sich auf. Das wiederum bewirkt, dass sich Ihre »Funkfrequenz« nach und nach deutlich erhöht – mit allen positiven Folgen.

## Energie bis in die Fingerspitzen

Es gibt heute keine Spitzensportler und -sportlerinnen mehr, die sich nicht auch mental auf ihre Wettkämpfe vorbereiten. Genauso können Sie mental durch innere Vorstellungsbilder Ihr Charisma-Feld stärken. Bestimmt kennen Sie aus Filmen die Bilder, die Nachtsichtgeräte liefern: Damit wird das Infrarotlicht sichtbar gemacht, das ein Mensch durch seine Körperwärme ausstrahlt. Stellen Sie sich nun vor, wie sich dieses Lichtfeld (Infrarot), das Ihren Körper umgibt, ausdehnt, bis es schließlich den ganzen Raum erfüllt, in dem Sie sich gerade aufhalten. Lassen Sie das Lichtfeld wieder schrumpfen, dehnen Sie es erneut aus, nach vorne, hinten, zu den Seiten, nach oben. Spielen Sie damit, bis Sie sich Ihre Energie wie auf Knopfdruck im ganzen Raum vorstellen können. Wenn Sie dieses Experiment in Gesellschaft machen, werden Sie

wahrscheinlich einige Überraschungen erleben. Am besten notieren Sie Ihre Erfahrungen in Ihrer Charisma-Mappe.

Vor einigen Jahren berichtete mir ein Pfarrer von einem ganz besonderen Erlebnis mit dieser Übung. Im Seminar hatten wir nicht nur mit der mentalen Ausdehnung unseres Energiefeldes gearbeitet, sondern dabei auch verschiedene Farben ausprobiert. Wie fühlt sich eine – vorgestellte – rote Ausstrahlung an, eine blaue, weiße, schwarze, goldene, grüne? Der Pfarrer merkte sich, dass Rosa fürs Herz steht, für eine liebevolle Energie. Bei der nächsten Trauerfeier in seiner Gemeinde stellte er sich während der Predigt und im Gespräch mit den Angehörigen weiches rosafarbenes Licht im Raum vor. Die Atmosphäre bei dieser Trauerfeier sei anders als sonst gewesen, berichtete er mir dann. Es habe sich eine ganz besondere Stimmung voller Wärme ausgebreitet. Der Pfarrer selbst war von dieser Erfahrung sehr berührt.

# Wie Farben auf die Seele wirken

*Ein hellblauer Ferrari? Ist möglich, zielt aber am Wesenskern dieser Rennmaschine vorbei: schnell, laut, überwältigend – rot. Wird jemand mit rotem Licht bestrahlt, steigen Blutdruck und Pulsfrequenz, die Blutgefäße erweitern sich, der Körper wird in Bereitschaftshaltung gesetzt. Wer Rot sieht, kann deshalb schneller reagieren. Jede Farbe hat ihre spezifische Wirkung, ob wir sie real oder in unserer Vorstellung sehen.*

- Gold
  edel, prachtvoll, warm
- Silber
  edel, gediegen, kühl
- Gelb
  belebend, dynamisch, freundlich, befreiend, leicht
- Orange
  anregend, freudig, unbekümmert, energiegeladen

- Rot
  stark erregend, mobilisierend, aggressiv, leidenschaftlich
- Violett
  feierlich, würdevoll, geheimnisvoll, schwer
- Blau
  beruhigend, harmonisch, konzentrierend, vertiefend, kühl
- Grün
  natürlich, beruhigend, ausgleichend, erfrischend
- Braun
  solide, dämpfend, ausgleichend, zurückhaltend
- Grau
  neutral, ruhig, nüchtern, sachlich
- Schwarz
  traurig, feierlich, würdig
- Weiß
  festlich, zeitlos, erhebend, rein

Beim Auftrittstraining erlebe ich immer wieder, dass jemand sehr viel richtig macht – und trotzdem springt der Funke nicht über. Manchmal liegt es daran, dass die Energie nicht bis in die Fingerspitzen reicht. Als wäre, kurz bevor die Schwingungen beim Gegenüber ankommen, der Kontakt doch nicht gewollt. Diese »Verweigerung« spielt sich auf einer subtilen und für ungeschulte Augen fast unsichtbaren Ebene ab, kann aber den Unterschied ausmachen zwischen »ziemlich gut« und »ausgezeichnet«. Eine Sprinterin muss sich beim Hundert-Meter-Lauf ihre persönliche Ziellinie hinter dem eigentlichen Ziel vorstellen, damit sie mit voller Kraft bis zum letzten Meter durchläuft. Ebenso hilfreich ist es, wenn Sie sich vorstellen, dass jede Geste nicht an Ihren Fingerspitzen endet, sondern sogar noch darüber hinaus reicht und wirkt.

# Wie geht es weiter? Wo leuchten Sie als nächstes?

Da Sie nun sprühen und funkeln, können wir uns gut gelaunt voneinander verabschieden. Ein paar Tipps, wie es weitergehen könnte, haben wir noch für Sie.

Wenn Sie, wie wir es tun würden, in einem Rutsch bis hierher gelesen und noch keine Übung gemacht haben, starten Sie jetzt noch einmal von vorn und beschäftigen sich mit den Übungen. Sie wissen ja genau so gut, wie Erich Kästner es wusste: »Es gibt nichts Gutes, außer man tut es.«

Strengen Sie sich dabei nicht zu sehr an. Lassen Sie es einfach geschehen. Anstrengung bewirkt, dass sich Ihre Energie zusammenballt, während wache Entspannung dafür sorgt, dass sie sich ausdehnt.

*Eifer reicht völlig aus. Übereifer schadet.*

## Übung: Lassen Sie Wunderkerzen sprühen

*Mit dieser Übung erhöhen Sie die Wirkkraft Ihrer Gesten und versprühen Energie bis in die Fingerspitzen hinein.*

- 1. Schritt
  Stellen Sie sich vor, Ihre Finger seien Wunderkerzen, die Funken sprühen – oder Sterndlspritzer, wie es in Österreich so passend heißt. Breiten Sie die Arme aus wie zu einer herzlichen Begrüßung. Die Funken sprühen weiter! Ihre Energie versackt weder an den Handwurzeln noch endet sie an den Fingerspitzen, sie funkelt weit darüber hinaus und hinterlässt leuchtende Spuren im Raum.
- 2. Schritt
  Gehen Sie ein paar Minuten mit sprühenden Fingerspitzen Ihren Alltagstätigkeiten nach. Es schadet nicht, dabei auch noch an Ellbogen und Schultern Wunderkerzen anzuzünden.
- 3. Schritt
  Halten Sie eine kleine Stegreifrede. Stellen Sie sich vor, wie Sie mit jeder Geste eine Leuchtspur im Raum hinterlassen.
- 4. Schritt
  Probieren Sie das später auch bei Alltagsgesprächen aus. Sie brauchen nicht mehr zu gestikulieren als sonst, aber die Qualität Ihrer Gesten wird sich verändern. Erzählen Sie, was Sie tun: Vielleicht bekommt Ihre Gesprächspartnerin oder Ihr Gesprächspartner ja Lust, das auch auszuprobieren. Zu zweit macht es gleich noch mehr Spaß.

Das ist wie mit Ihren Muskeln: Wenn Sie eine schwere Kiste schleppen, ziehen sie sich durch die Anspannung zusammen. Liegen Sie hingegen in der Wanne und genießen ein warmes Bad, lösen sich Ihre Muskeln. Strengen Sie sich also nicht mehr an als nötig, denn Übereifer bringt hier wenig. Der Großvater einer Freundin pflegte zu ächzen und angestrengt das Gesicht zu verziehen, wenn er eine Zitrone auspresste! Finden Sie heraus, wo Sie mehr Kraft einsetzen als erforderlich – und auch, wo ein Schuss mehr Energie hilfreich sein könnte. Und wenn Sie dann wieder hier angelangt sind, machen Sie weiter wie die Leserinnen, die ihr Charisma-Büchlein oder ihre Charisma-Mappe und ihre Schatztruhe schon jetzt gefüllt haben: Lassen Sie Ihre Erfahrungen aus den letzten Wochen oder Monaten noch einmal Revue passieren, tanzen Sie Walzer durch Ihren Palast, stöbern Sie in Ihren Unterlagen und Erkenntnissen, und seien Sie stolz auf sich, dass Sie sich selbst so wichtig genommen und bis jetzt durchgehalten haben.

Wenn Sie Lust haben, das Thema gleich noch weiter zu vertiefen – nur zu! Dafür gibt es im Anschluss einige Tipps. Wenn Sie es aber erstmal gut sein lassen wollen, ist das genauso Königinnen-like.

## Reifezeit

Manchmal muss man einen Schritt zurücktreten, um das ganze Bild betrachten zu können. Abstand hilft, Veränderungen zu erkennen. Ruhepausen sind genauso wichtig wie Zeiten des Tuns. Ein Acker, der ständig umgegraben wird, trägt keine Frucht.

*Säen allein bringt noch keine Ernte. Geben Sie dem Korn Zeit zum Wachsen.*

Vertrauen Sie Ihrem eigenen Rhythmus. Die Zeit arbeitet ohnehin für Sie. Manche »charismatische« Eigenschaft kommt mit dem Älterwerden fast von selbst – etwa eine gewisse Gelassenheit, die sich aus der Gewissheit speist, bisher alle Schwierigkeiten gemeistert zu haben. Lebenserfahrung eben.

## Tipps zum Weiterlernen

Es gibt vielfältige und sehr unterschiedliche Möglichkeiten für Sie, weiter an Ihrem Charisma zu arbeiten. Suchen Sie sich etwas aus, das Ihnen Spaß macht, trainieren Sie aber auch Ihre »Schattenseiten«.

### ● Nutzen Sie jede Chance
Rufen Sie »Hier!«, sobald es gilt, Reden zu halten, Konferenzen zu moderieren, Gruppen zu führen. Packen Sie jede Gelegenheit beim Schopf, so lange, bis Sie sich sicher fühlen. Und holen Sie sich Hilfe, wenn Sie welche brauchen, denn auch das zeugt von Souveränität.

### ● Besuchen Sie Seminare
Schauen Sie sich nach Seminaren um, die Sie weiter bringen. Selbststudium ist großartig, aber manche Erfahrung lässt sich nur in der Gruppe und mit professionellem Feedback machen.
Auch bei den Toastmastern (Internetseite im Anhang) können Sie üben, Reden zu halten. Vielleicht ist eine Gruppe in Ihrer Nähe.

### ● Richten Sie Ihren Körper aus
Feldenkrais, Alexandertechnik, Spiraldynamik (Bücher und Internetseite im Anhang) – das sind Königswege zu lebendiger Körperlichkeit in wohltuender Balance. Und wie Sie inzwischen wissen, hat das viel mit Charisma zu tun.

### ● Gönnen Sie sich Muße
Verbringen Sie Mußezeit mit sich selbst. Muße ist der Humus, aus dem Ideen sprießen.

### ● Gehen Sie aus sich heraus
Erweitern Sie Ihren Spielraum, und schulen Sie Ihre Ausdruckskraft: Singen Sie, zu Hause, mit Freunden oder nehmen Sie Gesangsstunden.

Treten Sie einer Theatergruppe bei. Besuchen Sie Kurse in Kontaktimprovisation. Spielen Sie »Tabu« oder andere Gesellschaftsspiele, bei denen Sie aus sich herausgehen müssen. Erzählen Sie Märchen und Geschichten ...

● Werden Sie ruhig

Lernen Sie, sich zu sammeln und Ihren Geist auszurichten, zum Beispiel mit einer Meditationsform oder der Denkdiät (Internetseite im Anhang).

● Lassen Sie sich beraten

Leisten Sie sich professionelle Beratung (oder äußern Sie entsprechende Geburtstagswünsche) zu Lebensfarben (Internetseite im Anhang) und Auftrittskompetenz.

● Gründen Sie Erfolgsteams

Gründen Sie eine Charisma-Gruppe, und arbeiten Sie dieses Buch oder Teile davon gemeinsam durch. Halten Sie Stegreifreden. Geben Sie sich Feedback. Bestärken Sie sich gegenseitig. Gemeinsam geht vieles leichter – und macht obendrein mehr Spaß.

● Studieren Sie Vorbilder

Beschäftigen Sie sich mit charismatischen Menschen. Lesen Sie Biographien, studieren Sie Porträts, lassen Sie sich begeistern und inspirieren.

● Schenken Sie Freude

Bringen Sie Freude in Ihr eigenes Leben und in das Leben anderer Menschen.

# Zum Schluss ...

... noch eine kleine Geschichte: Bis ins hohe Alter bewegte sich die Meisterin kraftvoll und elegant. Selbst alltägliche Handgriffe wirkten bei ihr besonnen und anmutig. Sie war eine sprühende Rednerin und eine Zuhörerin, deren geneigtes Ohr die Herzen der Menschen öffnete. Dabei war sie fröhlich, erzählte gerne Witze und lachte ihr berühmtes Tief-aus-dem-Bauch-Lachen, wenn etwas schief ging oder wenn sie sich bei einem Fehler ertappte.

Eines Tages wurde sie gefragt: »Wie sind Sie zu so einer charismatischen Persönlichkeit geworden?« »Ich habe es gemacht wie ein Bildhauer, der aus Marmor eine Hasenskulptur erschafft. Im Lauf meines Lebens habe ich einfach alles weggeklopft, was nicht zu diesem Hasen gehörte.« »Ein Hase? Aber Sie hätten sich doch bestimmt etwas anderes gewünscht! Wären Sie nicht lieber eine Löwin gewesen?« »Natürlich«, antwortete die Meisterin, »aber ich habe Wünsche immer mit der Einstellung jenes werdenden Vaters betrachtet, der – damals warteten Männer noch vor der Tür – nervös vor dem Kreißsaal auf und ab ging. Endlich kam die Hebamme: ›Sie haben sich bestimmt einen Jungen gewünscht, es ist aber ein Mädchen.‹ ›Das macht überhaupt nichts‹, rief der Mann glücklich, ›für den Fall, dass es kein Junge ist, habe ich mir näm-

lich ein Mädchen gewünscht.‹ Sehen Sie, nachdem ich viele Jahre damit verschwendet hatte, jemand anderes sein zu wollen, als ich bin, habe ich mit dem Hasendasein Frieden geschlossen und das Beste daraus gemacht.« »Womit Sie bewiesen hätten, dass auch Hasen Charisma haben.« Die Meisterin lachte.

DANKE, DASS WIR SIE EINE WEILE BEGLEITEN DURFTEN. Sie haben uns erlaubt, Sie an einige vergessene Räume in Ihrem Persönlichkeitspalast zu erinnern. Ob Hase oder Löwin, Sie sind einzigartig. Sie stecken voller Wunder und Möglichkeiten. Sie sind ein strahlendes Wesen. Wenn Sie das wieder einmal vergessen sollten, ist Ihre Königinnenkrone wahrscheinlich ein wenig verrutscht. Rücken Sie sie einfach gerade, und leuchten Sie fröhlich weiter!

*Ab heute zeige ich mich so strahlend, wie ich bin.*

# Bücher und Links, die weiterhelfen

**Alexander, F. M.:** Der Gebrauch des Selbst, Karger 2001

**Feldenkrais, Moshe:** Bewusstheit durch Bewegung, Suhrkamp 1996

**Larsen, Christian:** Die zwölf Grade der Freiheit, Via Nova 2007

**Molcho, Samy:** Alles über Körpersprache, Goldmann 2002

**Seul, Shirley:** Frau sein, schön sein, Knaur 2005

**Seul, Shirley:** Goodbye Liebchen! Lust am Neinsagen, Frausein, Ichsein, Nymphenburger 2006

**Gelb, Michael:** Körperdynamik – Eine Einführung in die F.M.Alexander-Technik, Runde Ecken Verlag 2004

**Riggio, Ronald E.: The Charisma-Quotient:** What It Is, How to Get It, How to Use It, Dodd Mead 1988

**Wlodarek, Eva:** Mich übersieht keiner mehr, Fischer 2002

www.spiraldynamik.com

www.lebensfarben.com

www.carisma-training.de/zuckerl

www.denkdiät.de

www.toastmasters.de

# Dank

Nikola Hirmer: Von Ihnen kam die Einladung, meinen Wissensschatz über Charisma in ein Buch zu packen. Shirley Seul: Was für ein Glück, dich als Co-Autorin an der Seite zu haben. Ulrike Schöber: Ihr Lektorat war gründlich und bereichernd. Auch allen anderen, die am Gelingen dieses Buches beteiligt waren: Dankeschön.

# Übungsregister

© 2011 GRÄFE UND UNZER VERLAG GmbH, München
Alle Rechte vorbehalten. Nachdruck, auch auszugsweise, sowie Verbreitung durch Film, Funk, Fernsehen und Internet, durch fotomechanische Wiedergabe, Tonträger und Datenverarbeitungssysteme jeglicher Art nur mit schriftlicher Genehmigung des Verlags.

Projektleitung:
Nikola Hirmer

Lektorat:
Ulrike Schöber

Innenlayout, Typographie und Umschlaggestaltung:
independent Medien-Design, Horst Moser

Coverfoto:
Getty Images

Syndication:
www. jalag-syndication.de

Satz: Knipping Werbung GmbH, Berg/Starnberg

Herstellung:
Christine Mahnecke

Reproduktion:
Longo AG, Bozen

Druck:
Printed in China

ISBN
978-3-8338-8-2311-4
1. Auflage 2011

**Unsere Garantie**

Alle Informationen in diesem Ratgeber sind sorgfältig und gewissenhaft geprüft. Sollte dennoch einmal ein Fehler enthalten sein, schicken Sie uns das Buch mit einem entsprechenden Hinweis an unseren Leserservice zurück. Wir tauschen Ihnen den GU-Ratgeber gegen einen anderen zum gleichen oder einem ähnlichen Thema um.

**Liebe Leserin, lieber Leser,**

wir freuen uns, dass Sie sich für ein GU-Buch entschieden haben. Mit Ihrem Kauf setzen Sie auf die Qualität, Kompetenz und Aktualität unserer Ratgeber. Dafür sagen wir Danke! Wir wollen als führender Ratgeberverlag noch besser werden. Daher ist uns Ihre Meinung wichtig. Bitte senden Sie uns Ihre Anregungen, Ihre Kritik oder Ihr Lob zu unseren Büchern. Haben Sie Fragen oder benötigen Sie weiteren Rat zum Thema? Wir freuen uns auf Ihre Nachricht!

**Wir sind für Sie da!**
Montag–Donnerstag: *(0,14 €/Min. aus dem deutschen Festnetz, Mobilfunkpreise maximal 0,42 €/Min.)
8.00–18.00 Uhr;
Freitag: 8.00–16.00 Uhr
Tel.: 0180-5 00 50 54*
Fax: 0180-5 01 20 54*
E-Mail:
leserservice@graefe-und-unzer.de

**P.S.:** Wollen Sie noch mehr Aktuelles von GU wissen, dann abonnieren Sie doch unseren kostenlosen GU-Online-Newsletter und/oder unsere kostenlosen Kundenmagazine.

**GRÄFE UND UNZER VERLAG**
Leserservice
Postfach 86 03 13
81630 München

GRÄFE UND UNZER
Ein Unternehmen der
GANSKE VERLAGSGRUPPE